Hermann Hesse

Andreas Solbach

Hermann Hesse

Ein Schriftsteller auf der Suche nach sich selbst

wbg THEISS

Die Deutsche Nationalbibliothek verzeichnet diese Publikation in der Deutschen Nationalbibliografie; detaillierte bibliografische Daten sind im Internet über http://dnb.d-nb.de abrufbar.

wbg THEISS ist ein Imprint der wbg.

Die Herausgabe des Werkes wurde durch die Vereinsmitglieder der WBG ermöglicht.
Satz: Melanie Jungels, TYPOREICH – Layout- und Satzwerkstatt, Nierstein
Gedruckt auf säurefreiem und alterungsbeständigem Papier.
Printed in Europe

Besuchen Sie uns im Internet: www.wissenverbindet.de

ISBN 978-3-8062-4417-5

Inhalt

„… um ein paar Kubikzoll Atemluft in der Ätherleere um mich zu erobern, darum schreibe ich Gedichte ab, male Bildchen, verschenke Bücher und Separatdrucke, was ich mir längst nicht mehr leisten dürfte. Und darum ist jedes Ausbleiben einer Antwort auf einen meiner Rufe ein kleiner Tod."

Hermann Hesse, Brief an Otto Hartmann vom 22. Februar 1935
(Briefe, Bd. 5, S. 272 f.)

Hesses Welt: Identität und Eigensinn

Identitätsfragen

Wir alle glauben zu wissen, wer Hermann Hesse war, selbst wenn es nur um die knappen Daten seiner Existenz vom 2. Juli 1877 bis zum 9. August 1962 geht: ein deutscher Schriftsteller aus dem Schwäbischen, der mit einigen Erzählungen und Romanen wie *Unterm Rad*, *Demian*, *Siddhartha*, *Der Steppenwolf* und *Das Glasperlenspiel* großen Erfolg hatte, den Nobelpreis für Literatur erhielt und noch in den 1960er Jahren überraschend Kult-Status unter amerikanischen Jugendlichen erwarb. Hierzulande von Intellektuellen und manchen Schriftstellerkolleginnen und Schriftstellerkollegen eher kritisch betrachtet, steht er im Verdacht, primär Jugendschriftsteller zu sein. Sein Hauptcharakteristikum ist für viele seine Harmlosigkeit und sein unerklärliches Vermögen, immer wieder neue Leserinnen und Leser zu finden. Diesem Bild, das die breite Öffentlichkeit von dem Autor hat, entspricht aber kaum etwas im Selbstbild Hermann Hesses, der sein Leben bis in die 1950er Jahre als eine Abfolge von sich intensivierenden Krisen vor Augen hat und den sein ganzes Leben lang die Frage nach der eigenen Identität umtreibt: Wer ist aber Hermann Hesse hinter diesen unbezweifelbaren Realitäten wirklich?

Dieses Buch will der Frage auf mehreren Ebenen nachgehen, als Frage und Aufgabe des Menschen Hermann Hesse an sich selbst und als Frage nach dem Bild, das sich sein Publikum in den letzten 100 Jahren von ihm gemacht hat – auf der Grundlage seiner Werke und zahlreicher Photographien, Bilder, Skizzen und Dokumente, die die Existenz des Autors erhellen. Letzte Aufschlüsse wird es aber auch hier nicht geben können, denn selbst für Hesse blieben große Bereiche seiner Identität im Dunkeln: Er hat bei den Versuchen einer Seelenerkundung immer dann innegehalten, wenn er den Eindruck hatte, dass eine vollständige Analyse seiner Psyche den Dichter in ihm beschädigen würde. Aber viele Einzelheiten seines Lebens und Werks lassen sich besser verstehen, wenn wir der Frage nach seiner Identität vor dem Hintergrund seiner spezifischen Welterfahrung nachgehen und ihn als Bewohner einer komplexen, widersprüchlichen und nicht selten auch grausamen Welt erfassen. Dann finden sich neue Antworten auf alte Fragen, und neue Fragen ersetzen alte Antworten, denn Hesse war sein Leben lang ein Suchender.

Anerkennung

Ausgangspunkt der Analyse seiner Selbstsuche soll dabei der Begriff der *Anerkennung* sein, der sich in den letzten 30 Jahren als ein Schlüsselbegriff der Gegenwartsphilosophie etabliert hat, aber, wie Charles Taylor[1] herausstellt, auf eine lange Vorgeschichte zurückblicken kann, die mit der Ablösung der Kategorie der Ehre durch diejenige der Würde im 18. Jahrhundert beginnt. Ehre ist in dem alten System der Werte an Ungleichheit gebunden, denn ihre begriffliche Sinnhaftigkeit setzt voraus, dass einige sie in hohem Grade besitzen, andere aber nicht. Würde ist dagegen, vor allem im Konzept der Menschenwürde, ein grundsätzlich egalitäres und demokratisches Prinzip, denn jedem Menschen kommt Würde zu. Im 18. Jahrhundert findet sich allerdings häufig die Vorstellung, dass alle Menschen moralische Empfindungen und einen inneren Sinn besitzen, der bei der Unterscheidung von Richtig und Falsch, von Gut und Böse behilflich ist. Dieser *moral sense* bezieht sich zu Beginn der Aufklärung auf eine externe Festsetzung des Guten und Richtigen durch Religion und den Staat, und seine Wirkweise gründet in der zu erwartenden Strafe oder Belohnung für menschliche Handlungen durch diese äußerlichen Institutionen, an die die Anerkennung gebunden ist. Die neue, auf Würde ausgerichtete Betrachtungsweise zielt dagegen auf ein autonomes moralisches Empfinden, das sich durch eine eigene innere Stimme bemerkbar macht und von der Vorstellung der Authentizität jedes Einzelnen ausgeht: „Es gibt eine bestimmte Art, Person zu sein, die *meine* Art ist. Ich bin aufgerufen, mein Leben in dieser Art zu leben und nicht das Leben eines anderen nachzuahmen. Diese Vorstellung verstärkt den Grundsatz, sich selbst treu zu sein. Bin ich mir selbst nicht treu, so verfehle ich die Aufgabe meines Lebens. Ich verfehle, was die Humanität für *mich* bedeutet. […] Mir treu sein bedeutet: meiner Originalität treu sein, und sie kann nur ich allein artikulieren und entdecken. Indem ich sie artikuliere, definiere ich mich".[2]

Anerkennung, Authentizität und Identität hängen also auf das Engste zusammen und bedingen sich gegenseitig. Leserinnen und Leser von Hermann Hesse werden sofort den Zusammenhang mit Ansichten des Autors wahrnehmen, die in vielen seiner Texte dokumentiert sind. Diese Haltung ist jedoch nicht einfach nur gegeben und unbestritten, sie ist jederzeit gefährdet und muss erkämpft und verteidigt werden. Charles Taylor unterstreicht hier, dass die Herausarbeitung und Entwicklung von Identität durch Anerkennung grundsätzlich nur mittels dialogischer Interaktion, durch den offenen und inneren Austausch mit „signifikanten Anderen", mit Menschen, Tieren, der Natur und kulturellen Artefakten wie auch mit Dingen, die für das Individuum von Bedeutung sind, erreicht wird: „Auf der Ebene persönlicher Beziehungen läßt sich beobachten, wie nachdrücklich Identität auf die Anerkennung signifikanter Anderer angewiesen ist und wie verletzlich sie ist, sofern ihr Anerkennung vorenthalten bleibt. Es überrascht nicht, daß in der Authentizitätskultur die ‚Beziehung' als der zentrale Ort der Selbstentdeckung und Selbstbestätigung gilt".[3]

Doch dieser ‚Kampf um Anerkennung', wie er von dem Soziologen Axel Honneth genannt wird, kann auch teilweise oder ganz verloren gehen und im betroffenen Individuum große psychische Schäden hinterlassen. Entfremdung, Depression und

Anomie sind die häufigsten Folgen der mangelnden Anerkennung, der Verkennung und der Verdinglichung von Lebensbeziehungen, und auch hier werden sich Leserinnen und Leser Hermann Hesses sogleich an bestimmte Lebensepisoden des Autors erinnert fühlen, die wir einführend kurz betrachten wollen, weil sie eine Art von Ur-Problematik im Leben des Dichters etablieren.

Schwierige Umwelt

Hermann Hesse wird am 2. Juli 1877 in eine Welt geboren, der die Maßstäbe, die noch in der ersten Hälfte des 19. Jahrhunderts galten, zunehmend entgleiten: Die siegreichen Kriege Preußens gegen Dänemark (1864) und gegen Österreich-Ungarn (1866) führen schließlich zum Deutsch-Französischen Krieg und zur Reichsgründung 1871 im Spiegelsaal zu Versailles. Die folgende, durch die enormen Kontributionszahlungen Frankreichs befeuerte Gründerzeit, die sich in immer riskanteren Börsenspekulationen verfängt, gefällt sich in einer materialistischen Haltung der Umwertung aller traditionellen kulturellen Werte. Dieser Relativierung althergebrachter Hierarchien und der Einführung hedonistischer und imperialistischer Anforderungen an das Leben als allgemein akzeptierte Gesellschaftsziele treten allerdings auch schnell große Gruppen religiös und reaktionär Gesinnter entgegen, die die gesellschaftliche Entwicklung als ‚Entartung', Verfall und Dekadenz empfinden und nicht selten gesellschaftliche Minoritäten, vor allem die jüdische Bevölkerung, für den ‚Sittenverfall' verantwortlich machen. Ihnen gilt vor allem die ‚unmoralische' Kultur der Hauptstadt Berlin als ‚Sündenpfuhl' und bemerkenswertestes Beispiel des allgemeinen Niedergangs der Sitten, ohne dass sie die damit verbundene bedeutende Entwicklung der kommenden Moderne in allen Bereichen wahrgenommen hätten. Diese partielle Blindheit gegenüber modernistischen Tendenzen in Wissenschaft und Kunst, in Architektur und Stadtplanung, in den Formen und Idealen eines neuen Lebensvollzugs der Menschen betrifft auch die kreativ Schaffenden unter den Zeitgenossen. Else Lasker-Schüler, Ricarda Huch, Annette Kolb, Emmy und Hugo Ball, Alfred Döblin, Hugo von Hofmannsthal, Thomas und Heinrich Mann und viele andere suchen eine feste weltanschauliche und künstlerische Position in dieser Zeit, die vor allem durch das Phänomen der Beschleunigung aller Lebensbezüge gekennzeichnet ist. Auch Hesse ist schon bald auf der Suche nach seiner Identität in einer sich immer schneller ändernden Welt, nicht trotz, sondern wegen der stark regelbasierten und unhinterfragbaren religiösen Orientierung seiner direkten Umwelt.

Missionsbewusst

Nach der Geburt verbringt er die ersten Jahre seines Lebens bis 1881 in der kleinen Handwerkerstadt Calw am Rande des nördlichen Schwarzwalds, bis seine Familie nach Basel umzieht, wo sie bis 1886 bleibt, sodass er seine ersten bewussten und nachhaltigen Eindrücke in einer mittelgroßen und traditionsreichen, aber auch konservativen Stadt gewinnt. Nachdem er seine erste schwere Lebenskrise überwunden hat, zieht er auf eigenem Wunsch 1899 nach Basel, was auf die Bedeutung der Stadt für seine Identitätsbildung verweist – Basel ist für ihn ein Ort, an dem freiheitliche Selbstbestimmung möglich ist, weil er dort dem unmittelbaren Zugriff der Familie entzogen ist, ein Ort, an dem er leben und atmen kann. Der eigentliche Ort aber, an dem sich die Arbeit seiner Selbstfindung vollziehen muss, ist die Familie, von der sich zu lösen ihm schwerfällt. Die Familie, das sind die Eltern, die Großeltern

Die Familie Hesse in Calw mit den Kindern Hermann, Marulla (1880–1953), Adele (1875–1949) und Hans (1882–1935), 1889

Hermann Gundert (1814–1893), der Großvater mütterlicherseits

mütterlicherseits, die fünf Geschwister und der große Apparat des pietistischen Basler Missionswerks und des Calwer Verlagsvereins, der für alle Familienmitglieder, Mitarbeiter und Gäste den unverzichtbaren Rahmen bildet, der alles definiert, ermöglicht und begrenzt – ohne ihn ist die Welt nicht denkbar, denn de facto ist er die Welt. Der Großvater Hermann Gundert (1814–1893) ist der Mittelpunkt dieser patriarchalischen Welt: Er ist wie alle um ihn herum mit der Weltanschauung, der Organisation und Durchführung der christlichen Mission im Rahmen der Calwer Verlagstätigkeit fest verbunden, und keiner kennt den bevorzugten geographischen Ort ihrer Missionsanstrengungen, Indien, so gut wie er. Auch Hesses Mutter Marie und sein Vater Johannes kennen Indien durch eigene längere Aufenthalte; Marie Hesses erster Ehemann Charles Isenberg, der Vater ihrer ersten zwei Kinder Theodor und Karl, ist dort im Missionarsdienst gestorben, und so zieht sich von Hermann Gundert und seiner Frau Julie, die er als Missionarin kennenlernte, über seine Kinder, die vielfältig mit dem Verlagsverein und dem Missionswerk verbunden bleiben, eine Tradition religiös-missionarischer Aktivität bis in die Enkelgeneration. Die gesamte Kindheit und Jugend des Autors stehen so im Zeichen intensiver religiöser Überzeugungen, die sich nicht nur durch ideologisch-publizistische Tätigkeiten, sondern auch durch ein weitgefasstes Programm persönlicher Hingabe an die religiösen Aufgaben der Mission dokumentieren. Es bedurfte dabei nicht einmal direkten erzieherischen Drucks durch die Eltern, um dem jungen Hermann die Erwartungen, die an ihn gestellt wurden, deutlich zu machen, denn der umfangreiche Apparat des allgegenwärtigen Missionswerks stellte den selbstverständlichen Rahmen für das Leben aller dar.

Eigensinn

Doch schon das heranwachsende kleine Kind zeigt bei allen Anzeichen von hoher Begabung auch Anzeichen von Eigensinn und Unbeherrschtheit, und die wiederholten Regelüberschreitungen und alterstypischen Selbstherrlichkeiten bringen ihn schnell in einen zuweilen erbitterten Gegensatz zu seiner familiären Umwelt, der sich allerdings erst nach der Rückkehr nach Calw verschärfen wird, vor allem, weil die Eltern durch die vielfältigen und intensiven beruflichen Anforderungen im Verlag selbst so unter Druck geraten, dass sie dem ‚Kampf um Anerkennung' ihres Sohnes nicht mehr die nötige umfassende Aufmerksamkeit schenken können und bald am Ende ihrer erzieherischen Möglichkeiten anlangen. So entsteht schon in den ersten Lebensjahren die Ur-Szene der folgenden zahlreichen und sich verschärfenden Krisen im Leben des Dichters, die in der umfangreichen Dokumentensammlung *Kindheit und Jugend vor Neunzehnhundert (1877–1895)*, die Hesses Witwe Ninon 1966 veröffentlichte,[4] detailliert belegt wird: Er wird vom 21. Januar bis zum 5. Juni 1884 aus dem Familienhaushalt entfernt und im Basler Knabenhaus untergebracht. Bei der Rückkehr ist der Sechsjährige „bleich und mager und gedrückt", aber die „Nachwirkung war entschieden eine gute und heilsame. Er ist jetzt viel leichter zu behandeln" (KuJ 1: 14).

Seinem unberechenbaren Temperament, seiner Eigenwilligkeit und den Ansprüchen auf Anerkennung seiner Selbstschätzung, die die Ordnung des arbeitsreichen und fordernden Alltags zusätzlich belasten, haben die Eltern scheinbar nur das Vertrauen in Gottes Hilfe entgegenzusetzen. Zu einer jahrelangen intensiven Beschäftigung mit ihrem ‚Problemkind' fehlt ihnen die Einsicht, das kinderpsychologische Wissen und die Zeit. Das kurze Exil im Knabenhaus ist der Anfang von Hesses lebenslangem, schwierigem und schmerzhaftem Prozess der individuellen Identitätspolitik mit allen ihm zur Verfügung stehenden Mitteln – die unmöglich scheinende Selbstbehauptung gegen den Sog der Vereinnahmung durch die Forderungen der Familie nach Anerkennung ihrer Wert- und Glaubensvorstellungen und deren Umsetzung in ein angemessenes und konformes Verhalten, das Individualisierungsmöglichkeiten vornehmlich mit gesteigerter Leistungsbereitschaft im Bildungsbereich assoziiert. Diese Konstellation einer Egalität aller Gläubigen, die auf Ehre und Stolz durch differenzierende und individualisierende Leistungen verzichten sollen und nur in akademischen Erfolgen, die zur Verbreiterung und Verbesserung ihrer religiösen Aufgaben dienlich sind, Ruhm erwerben dürfen, ist ihrerseits allerdings typisch für die Auseinandersetzung um persönliche und gesellschaftliche Anerkennung in der damaligen Zeit.

Johannes und Marie Hesse sind allerdings keine gefühlskalten, religiös-dogmatischen Eltern, die nur darauf abzielen, den Willen des unangepassten Kindes zu brechen; sie sind keine Vertreter der ‚schwarzen Pädagogik', die mit Druck und Strafen konformes Verhalten erzwingen wollen – im Gegenteil: Sie lieben ihre Kinder und wollen das Beste für sie. Tatsächlich sollten sie ihren ungebärdigen Sohn besser verstehen als alle anderen Ratgeber, denn er ähnelt ihnen in einem geradezu gespenstischen Ausmaß.

Hermann Hesse ist von früh auf ein überlebendiges, unberechenbares und nicht selten auch gewalttätiges Kind, das aber neben einer bald erkennbaren überdurchschnittlichen Intelligenz und Phantasie auch eine große Sehnsucht nach emotionaler Zuwendung zeigt und sich anderen Menschen gegenüber als rücksichtsvoll, zugewandt und mitleidend erweist, was sich allerdings in Sekundenschnelle ändern kann. Diese Konstellation seiner psychischen Kräfte stellt hohe Anforderungen an Umwelt und Eltern, die sie aufgrund ihrer eigenen, ähnlichen charakterlichen Grunddis-

Die Familie Hesse in Calw, 1899

positionen nicht dauerhaft bewältigen können. Trotz einiger schwerer Belastungen des kleinen Kindes, das Rückzug und Trennung von den Eltern, vornehmlich der Mutter, nicht adäquat verarbeiten kann und zunehmend von psychosomatischen Krankheitssymptomen geplagt wird, gelingt die familiäre und schulische Sozialisation in der sektenartig aufgebauten pietistischen Familiensituation. Als Hesse 1891 nach der bestandenen Prüfung am 20. Juli in die Ferien geht und sich freiwillig weiteren schulischen Vorbereitungen unterwirft, erweckt er ganz bewusst den Eindruck eines leistungsorientierten und motivierten Schülers, dem der schulische Erfolg am Herzen liegt. Tatsächlich aber ist er ein physisch und psychisch ausgebrannter junger Mensch, der sich an die Anforderungen von Familie und Gesellschaft anpasst, um die für ihn lebensnotwendige emotionale Zuwendung nicht zu gefährden. Er ist sich allerdings zu diesem Zeitpunkt noch nicht ganz klar, dass sein Lebenswunsch, Dichter zu werden, in einem nicht auflösbaren Widerspruch zu seiner begonnenen Schulkarriere steht, und er sieht noch keinen Zusammenhang zwischen seinen Krankheitssymptomen und der strukturellen psychischen Überforderung durch die spezifische für ihn vorgesehene Schulkarriere. Mit offenen Augen für die Ermüdungserscheinungen und die notwendigen Anstrengungen zur Aufrechterhaltung der Fassade, um die familiären Erwartungen nicht zu enttäuschen, hätte ein Schulwechsel und der vorläufige Verzicht auf eine Missionarskarriere die sich anbahnende Katastrophe verhindern können, vor allem, wenn die Eltern ein ernsthaftes Interesse für die literarische Lektüre ihres Sohnes gezeigt hätten – beide kennen viele der Autorinnen und Autoren, die Hermann liest, aus ihrer eigenen Jugend. Sicher hätte es geholfen, wenn Hesse selbst auf seine Probleme verwiesen hätte, aber er ist noch zu sehr in dem Netz von Erwartung und Erwartungserfüllung gefangen, um sich verständlich zu machen.

Die Eltern spenden Anerkennung und loben ihn, und Hesse selbst unterstreicht seine Zufriedenheit mit der Situation: „Ich bin froh, vergnügt, zufrieden! Es herrscht im Seminar ein Ton, der mich sehr anspricht. Vor allem ist es das enge, offene Verhältnis zwischen Zögling und Lehrer, dann aber auch das nette Verhältnis der Zöglinge untereinander. [...] Es sind oft Kleinigkeiten, aber alles zusammen bildet ein festes, schönes Band zwischen Allen und nirgends findet man einen Zwang. In Göppingen war ich oft tagelang verstimmt, verschlossen, da war kein gemeinsames festes Band, als die leidige Schanzerei; da war Anstand, auch Willenskraft, Ideal etc oft Gegenstand des Spottes; das gibt's hier nicht. Keiner wagt es, über Kunst, Wissenschaft etc zu spotten“ (KuJ 1: 170 f.).

Ur-Katastrophe

Doch kurze Zeit später kehrt der Zögling Hesse von seinem Spaziergang in der Mittagspause nicht ins Kloster zurück, erst am nächsten Tag wird er von einer Polizeistreife aufgegriffen und nach Maulbronn zurückgebracht. Der Vorfall ist unbegreiflich: Hesse ist für die spätwinterlichen Temperaturen unzureichend gekleidet, er trägt noch seine Schulmappe für den Nachmittagsunterricht bei sich, und es lassen sich weder

Gründe für seine Abwesenheit erkennen, noch hatte er irgendwelche Vorbereitungen für eine „Flucht“ getroffen. Allerdings gibt er Mitschülern in der Mittagspause gegenüber an, weglaufen zu wollen, was als unglaubwürdig verlacht wird – aber direkt im Anschluss daran macht sich Hesse tatsächlich auf den Weg. Es wundert, dass offensichtlich niemand auf den Gedanken kommt, dass es sich dabei um einen Spontanentschluss handelt, der durch das wahrscheinlich abschätzig-verächtliche Nicht-ernstnehmen seiner Kameraden ausgelöst wird und möglicherweise an ähnlich negative Reaktionen seiner Mitschüler im Zusammenhang mit seiner exaltierten Selbstpräsentation als Dichter anknüpft. Es handelt sich um Szenen der verweigerten Anerkennung seiner Persönlichkeit in ihren zukünftigen Ansprüchen als Dichter, ein Anspruch, der offenbar kurzfristig nicht einlösbar ist und der auf einen Vertrauensvorschuss angewiesen ist, der sich in den Ritualen der Verehrung der gemeinsamen kreativen Ideale durch eine Gruppe Gleichgesinnter manifestiert. Hesse ahnt bereits, dass er diese Unterstützung nur außerhalb der Familie und der einengenden religiösen Gemeinschaft finden kann, und die von ihm beschriebene Gemeinschaft Gleichgestimmter darf vor diesem Hintergrund als eine Wunschphantasie verstanden werden, die sich allenfalls mit einzelnen Mitschülern vorübergehend einstellt, die aber für seine Außendarstellung gegenüber der Familie und als Selbsttäuschung unverzichtbar erscheint.

Kurz vor der Flucht ist durch die Diskussion mit den Kameraden, die ihn nicht ernst nehmen, offensichtlich seine Anerkennungsphantasie, die sich als „halluzinatorische Wunschpsychose“[5] erweist, zumindest vorübergehend zerbrochen. Die Einschätzung der Schulleitung unterstützt diese Beschreibung; Prof. Paulus schreibt an Johannes Hesse: „Nach den Angaben mehrerer seiner Mitschüler befand sich Hermann schon seit längerer Zeit […] öfters in einem Zustand größter Erregtheit, in welchem er überschwengliche, zum Teil überspannte Gedichte zu verfassen pflegte […]. Es ist bei der Untersuchung seines Vergehens an den Tag getreten, daß es ihm in hohem Grade an der Fähigkeit fehlt, sich selbst in Zucht zu halten und seinen Geist und sein Gemüt in die Schranken einzufügen, welche für sein Alter und für eine erfolgreiche Erziehung in einem Seminar notwendig sind. […] Er ist zu erfüllt von überspannten Gedanken und übertriebenen Gefühlen, denen sich hinzugeben er nur zu geneigt ist. Wenn er nun diese seinen Kameraden mitteilt, so wird er […], wie dies bisher der Fall war, kein Verständnis finden und sich infolge davon, nach seiner eigenen Aussage, vereinsamt und verkannt fühlen […]“ (KuJ 1: 180, 189 f.).

Es ist dies die Beschreibung einer klassischen verweigerten Anerkennung:[6] Hesses Anerkennungswunsch bezieht sich dabei nicht auf die alterstypischen Leistungs- und Charaktereigenschaften seiner Mitschüler, sondern er sieht die Essenz seines Wesens in der Dichterexistenz verkörpert, die in seiner Situation nur als Ideal imaginiert werden kann. Damit sie überleben kann, wird sie als schon erfüllte vorgestellt, was jedoch sozial nicht anerkannt wird – nicht von den Kameraden, den Lehrern oder den Eltern. Was als eigenwilliger, wenngleich fehlgeleiteter Spontanentschluss zur Demonstration seiner Ernsthaftigkeit begann, erweist sich immer mehr als ungewollte, aber folgenreiche Zerstörung seiner ohnehin prekären Existenzvoraussetzungen, denn Hermann verliert plötzlich die Möglichkeit, Anerkennungsszenen zu konstruieren, die seine innersten Werte und Ideale repräsentieren; Anerkennung ist zwar auch jetzt noch grundsätzlich möglich, aber nur in dem von Familie und Schule gesetzten Rahmen. Wenn er nicht in eine schwere, in seinem Fall existenzbedrohende Depression verfallen will, muss er sich dem Zwang der Umstände entziehen, und er flüchtet unbewusst in die Krankheit, die seine soziale und psychische Existenz in den nächsten Jahren bedroht, denn es gibt vorläufig für ihn keine alternative Lösung. Der Zusammenbruch seiner Idealszene künstlerisch-literarischer Anerkennung führt ihn dann notwendigerweise zu einer ‚nihilistischen' Weltanschauung, denn damit bekämpft er die von ihm jetzt als existenzbedrohend angesehenen religiösen Systemanschauungen, mit denen er auch in Zukunft durch die Eltern unablässig konfrontiert wird; aber gleichzeitig dienen sie ihm als Ersatz für die verlorengeglaubte Idealvorstellung gelingender Anerkennung durch gleichgestimmte Teilhabe an eben diesem Kunstideal. Die heftigen und oft beleidigenden Briefe an den Vater, die sich bis September 1892 steigern, gründen in der grundstürzenden Verzweiflung und dem Gefühl der Ohnmacht, der Ausweglosigkeit und den andauernden Zeugnissen der verweigerten Anerkennung.

Verweigerte Anerkennung

Wieso ist es aber für die Eltern so schwierig, das eigentliche Problem ihres Sohnes zu erkennen? Tatsächlich haben sie viel Verständnis für ihn, und sie bemühen sich eindringlich, ihn wieder auf die Füße zu stellen – aber zu ihren Bedingungen. Johannes und Marie Hesse werden gerade durch die Gleichartigkeit mit ihrem Sohn einer wirkungsvollen Hilfe beraubt, denn sie litten an erstaunlich ähnlichen Problemen, die sie beide mit den Mitteln ihrer religiösen Überzeugung und im System des missionarischen Pietismus durch konsequente Selbstverleugnung und Unterdrückung ihrer eigenen Wünsche überwinden konnten; der Pietismus weiß, dass der Weg zur Erweckung durch Auslöschung des eigenen Ichs oft lang und leidvoll ist (Marie Hesse brauchte über zwei Jahre), und vor diesem Hintergrund gibt es für sie keinen Grund, von der Erwartung abzuweichen, dass auch Hermann zur Bekehrung finden wird, vor allem durch den Glauben unterstützt, dass seine krassen brieflichen Äußerungen zu nicht geringen Teilen Ausdruck einer Art von Geisteskrankheit, dem ‚moralischen Irrsinn' (*moral insanity*), sind.

Hesse benötigt tatsächlich zweieinhalb Jahre, um sich nach und nach aus dieser schwierigen Lage zu befreien; 1894 bahnt sich die Wiederaufnahme des Kontakts zu einigen seiner Mitschüler an, obgleich diese frühe Lebenskrise Hesses Porträt nachhaltig bestimmt. Er steht auch in den nächsten Jahrzehnten immer wieder vor der Entscheidung ‚Fliehen oder Standhalten'. Mit dem Abschluss seiner Buchhändlerlehre in Tübingen und seiner ersten Buchpublikation (*Romantische Lieder*) 1898 ist der wichtigste Schritt zur emotionalen, aber primär finanziellen Eigenständigkeit abgeschlossen. Nun kann der notwendige zweite Schritt, die dauernde räumliche Trennung von den Eltern, ins Werk gesetzt werden. 1899 zieht er nach Basel. Doch der Weg dorthin ist hart, nicht nur weil er sich andauernd gegen religiöse Bevormundung wehren muss, sondern weil der Freiheit die eigene Selbstbefangenheit in

Hesse in Basel, um 1902

traditionellen Lebensmetaphern im Wege steht: Hesse erkennt nach und nach, dass seine ‚nihilistische' Desillusionierung ebenso wie sein egoistischer ‚Materialismus' konventionelle Reaktionsformen einer enttäuschten Jugend seit 1848 sind, und seine übergroße Verehrung Heines, in der Sache durchaus gerechtfertigt, ist wie seine intensive Rezeption Turgenevs Ausdruck vieler persönlicher Kränkungen, die nicht enden wollen. Die Erkenntnis, dass seine Eltern, obgleich literarisch gebildet und feinsinnig, in ihrer Ablehnung weltlicher Literatur für ihn und seine Texte, sofern sie nicht die engen Grenzen der pietistischen Dezenz einhalten, keine Ausnahme machen, trifft ihn hart. Mehrfach wird er von den Eltern, denen er in bester Absicht Beispiele seiner Werke und Erstdrucke zukommen lässt, zutiefst durch negative Urteile brüskiert. Auch hier zeigt sich ihr Unwille, sich auf Dinge einzulassen, die den in anderen Bereichen weiten Horizont ihres pietistischen Bewusstseins überschreiten, denn den Eltern ist klar, dass sie ihren Sohn für den Glauben nur dann wiedererwecken, wenn sie seine dichterische Existenzweise delegitimieren können. 1899 ist es aber mit dieser frommen Hoffnung endgültig vorbei; ein verschollenes Romanprojekt

Maria Hesse in Bern, um 1913

mit dem sprechenden Titel *Schweinigel* lässt sich als demonstrativer Bruch verstehen, der dann aber nicht offen vollzogen wird; der Prosaband *Eine Stunde hinter Mitternacht* (1899) reicht dennoch vollständig aus, um die Eltern zu schockieren. Kurz nach seiner Veröffentlichung zieht Hermann Hesse nach Basel und beginnt seine eigenständige Existenz als Mitarbeiter in einer Buchhandlung und später im Antiquariat. *Incipit vita nova*, er schreibt für die „Allgemeine Schweizer Zeitung", macht Bekanntschaften, die den Calwer Horizont überschreiten, und reist 1901 erstmals nach Italien. Er trifft Maria Bernoulli, die mit ihrer Schwester ein Photogeschäft in Basel betreibt, die er 1904 heiratet und mit der er in das abgelegene Bodensee-Dörfchen Gaienhofen und acht Jahre später nach Bern zieht.

Was aber ist es genau, das ihn die Anerkennungskrise seiner Jugendzeit überwinden hilft? Das wichtigste Einzelelement ist wohl die für ihn schmerzhafte Erkenntnis, dass sein künstlerischer Lebensentwurf von den Eltern dauerhaft abgelehnt und mitsamt seiner nicht immer einfachen Art und Persönlichkeitsstruktur in die Nähe des Wahnsinns gerückt wird. Hesse fürchtet schon früh den Verlust der Zuneigung seiner Eltern und ist bestrebt, sein Verhalten so zu modulieren, dass er sich nicht dieses emotionalen Schutzes beraubt, wobei ihm vollständig bewusst ist, welche seiner Handlungsweisen die Eltern an die Grenze ihrer Belastbarkeit bringen. Sein Exil im Basler Knabenhaus ist ein eindrucksvoller Beleg für die Ratlosigkeit der Eltern, und in den Jahren nach der Internatskatastrophe zeigen seine Briefe neben den üblichen alterstypischen Ungehörigkeiten das dauerhafte Bestreben, den Leistungserwartungen der Familie zu entsprechen. Diese akkomodierende Haltung Hesses und seine zahlreichen Versuche, auch nach dem Scheitern der Hoffnung auf Anerkennung seiner literarischen Existenz zumindest die elterliche Toleranz zu erreichen, belegen seine Sehnsucht nach Harmonie und Einklang. Tatsächlich gelingt es den Eltern nicht, abgesehen von einzelnen Gedichten der Frühzeit, Hesses literarische Produktion nicht mit pietistischen Moralisationen, Warnungen und Ermahnungen zu begleiten. Es dauert lange, bis er einsieht, dass er seine Liebe zu den Eltern kategorisch von seiner gewählten Lebensweise separieren muss, um sie erhalten zu können – und dennoch bleibt bei alldem eine Wunde zurück, denn letztlich lehnt die Familie die Essenz seines Lebensentwurfs ab. Das selbstreferenzielle System pietistischer Moral erweist sich für ihn als unüberwindbar, weil seine Eltern eine Anerkennung in Hesses Sinn als Niederlage ihrer eigenen Lebensprinzipien verstehen, zu Recht oder Unrecht. Dieser Kampf behindert die Entwicklung des jungen Künstlers, aber er schärft auch sein literarisches Verständnis, dennoch ist er letztlich eine schwere Beeinträchtigung, denn Hesse kann sich von diesen Leidenserfahrungen und vor allem auch von deren strukturellen Bedingungen lange nicht lösen. Als er schließlich als Autor vor die Öffentlichkeit tritt, fehlt es ihm durch die systematisch beschnittenen und tabuisierten Perspektiven an gesellschaftlicher und künstlerischer Weltläufigkeit und einem über das provinziell Missionarische hinausgehenden ästhetischen Horizont, wie sie seine Generationsgenossen Heinrich und Thomas Mann, Alfred Döblin und Hugo von Hofmannsthal besitzen, von Autoren wie André Gide, Marcel Proust und Virginia Woolf ganz zu schweigen. Auch der unter schwierigsten Umständen aufgewachsene James Joyce, der seine ganze Bildung, wie er selbst stolz betont, den Jesuiten verdankt, erwirbt sich einen bemerkenswerten intellektuellen Horizont, der denjenigen Hesses überschreitet, weil Joyce die religiöse Erziehung zu einem Mittel seiner Selbstbildung machen kann, während Hesse alle seine Kräfte konzentrieren muss, um dem Sog der pietistischen Familiensekte zu entkommen; doch vereint beide, dass sie ihre Jugenderfahrungen zum Gegenstand der literarischen Darstellung machen.

Eine mögliche Art und Weise säkularer literarischer Sozialisation führt tatsächlich über die auch bei Hesse erkennbaren Stufen von intensiven Leseerfahrungen und ersten produktiven Versuchen zur Etablierung einer meist kleinen Gruppe von Gleichgesinnten. Oftmals konzentrieren sich diese Erfahrungen in einem Briefwechsel mit Vertrauten, so bei den Brüdern Mann, oder in einem Lesezirkel, der in Verbindung mit gezieltem Selbststudium zum Erwerb einer praktikablen Ausgangsbasis der eigenen Produktivität wird. Die nur kurzfristig wirksame Situation eines Austauschs unter Gleichgestimmten wird bei Hesse im März 1892 unterbrochen und erst 1895 unter erschwerten Bedingungen wieder aufgenommen: In seinem Briefwechsel mit Schulfreunden und später mit Helene Voigt-Diederichs entwickeln sich verkürzte Formen einer Anerkennungsszenerie, die zwar hilfreich sind, aber zu spät einsetzen, um Hesses solitäre poetische Selbsterziehung der vergangenen drei Jahre noch zu korrigieren. In einem gewissen Sinn ist der Autor als junger Mann bereits das Ergebnis seiner heftigen Auseinandersetzungen um Anerkennung, die ihm versagt bleibt und die er sich in der Einsamkeit seiner *vita solitaria* selbst erarbeitet.

Hesse ist als junger Autor von zahlreichen Einflüssen literarischer (Romantik, Heine), künstlerischer (Böcklin) und musikalischer (Chopin) Art abhängig, und man merkt seinen Texten an, dass sie nicht durch eine Phase der Diskussion in einer Gruppe von gleichgestimmten Freunden gegangen sind. Seine Werke sind von Beginn an Ausdruck eines ausgeprägten ‚Eigensinns', der sowohl formal wie inhaltlich zum Markenzeichen des Autors werden sollte; inhaltlich vor allem, weil der Eigensinn selbst zum Darstellungsgegenstand wird, während Hesse sich formal zunächst im Rahmen der traditionellen Erzählverfahren bewegt. Sein Thema ist bereits in den frühen Werken, die noch überwiegend die Kinder- und Jugendwelt um Calw als komplexe Verschränkung von Idylle und Gefahr beschreiben, die Frage nach den Bedingungen der Möglichkeit von Resonanz, wenn schon die Anerkennung zu diesem Zeitpunkt nicht möglich sein soll. Hesse spricht dabei an keiner Stelle von Resonanz, aber es ist deutlich, dass dieser zentrale Begriff der Soziologie des 21. Jahrhunderts ein adäquates Konzept bereitstellt, um zentrale Aspekte von Werk und Persönlichkeit Hermann Hesses zu analysieren.

Resonanz als Karriere

Alle Gesellschaften wissen um die allgemeine Problematik der Anerkennung, die vor allem in der Phase der Adoleszenz von entscheidender Bedeutung für die Identitätsfindung ist, und sie entwickeln Rituale und Institutionen, von den *rites de passage* bis zur Schule, Berufsausbildung und religiöser Konfirmation, um den Übergang in das Erwachsenenalter zu erleichtern. Auch für Hermann Hesse stehen diese Maßnahmen zur Verfügung, doch er ist ein Sonderfall, weil er seine Maturität nicht an die formalisierte Anerkennung seines sozialen Umfelds knüpft, sondern an den unterstützenden Nachvollzug seines künstlerisch-kreativen Lebensplans. Der Anspruch, den er hier implizit formuliert, läuft auf eine Glaubens- und Vertrauensfrage hinaus, die der religiösen *imitatio Christi* (Thomas von Kempen) ähnelt und schon deshalb den Eltern verdächtig sein muss. Der junge Hesse fordert nicht nur Vertrauen in die Weisheit seines selbst entworfenen Lebensplans, sondern auch Glauben an seine ‚Sendung' als Dichter und aktive Nachfolge. In diesem Zusammenhang kann die Konzeption der Resonanztheorie Orientierung und ein gutes Analyseinstrument sein, das die versagende Anerkennung perspektivisch in einen größeren Rahmen integriert. Hartmut Rosa[7] geht bei seinen Überlegungen in Anlehnung an Charles Taylor von dem Konzept der Authentizität, des Sich-selbst-treu-bleibens und der Selbstverwirklichung, als Mittel zu einem glücklichen Leben aus. Da die Menschen aber keine sichere Vorstellung von ihrem inneren Kern oder ihrem Wesen besitzen, müssen sie versuchen, „die je eigenen Möglichkeitshorizonte und Reichweiten auszudehnen,"[8] um alle Glücksoptionen offenzuhalten. Neben diese Dimension der primär auf sich selbst gerichteten reichweitengesteuerten Identitätspolitik tritt jedoch das Ziel der Resonanz, der „Verbundenheit mit" und der „Offenheit gegenüber"[9] der Welt, wobei Rosa zwischen ‚stummen' und ‚resonanten' Weltbeziehungen entlang dreier ‚Resonanzachsen' differenziert: Die horizontale Resonanzachse umfasst die Bereiche von Familie, Freundschaft und Politik, die diagonale Arbeit, Schule, Sport und Konsum und die vertikale Religion, Natur, Kunst und Geschichte. Das gute Leben „[…] ist das Ergebnis einer Weltbeziehung, die durch die Etablierung und Erhaltung stabiler *Resonanzachsen* gekennzeichnet ist, welche es den Subjekten erlauben und ermöglichen, sich in einer antwortenden, entgegenkommenden Welt *getragen* oder sogar *geborgen* zu fühlen".[10] Allerdings, so Rosas wichtige Einschränkung, würde eine totale Harmonie sich in ein stummes Weltverhältnis verwandeln, weil die Kategorie des „Unverfügbaren", der eigenen autonomen Stimme des Anderen, dabei verschüttet würde. Resonanzbeziehungen zu Menschen, Dingen, der Natur, der Kunst und der Geschichte gründen immer in einer Austausch- und Anpassungsbewegung, einem modulierenden Prozess des sich „aufeinander Einschwingens".[11] Es beschreibt ein dialogisches Verhältnis des Individuums zur Welt, den Menschen und den Göttern: *„Resonanz ist kein Gefühlszustand, sondern ein Beziehungsmodus"*.[12] Spätestens hier wird deutlich, wie sehr das Resonanzkonzept geeignet ist, Hesses Porträt zu beleuchten und zentrale Inhalte seines Werks einzuordnen: Das Resonanzbegehren des Individuums benötigt „entgegenkommende Resonanzräume": „Dabei wird sich zeigen, dass die Sphären der Arbeit oder der Familie, aber auch die Kunst, die Religion und die Natur typischerweise als moderne Resonanzräume fungieren können, dass aber insbesondere Beschleunigungszwänge und Konkurrenzdruck tendenziell zunehmende Resonanzblockaden erzeugen".[13] Mit den Bereichen Familie, Religion, Natur und Kunst sind eben jene großen Weltausschnitte bezeichnet, die Hesse auf seinem Lebensweg im Guten und im Schlechten begleiten und die notwendigerweise seine menschliche und künstlerische Persönlichkeit prägen. Familie und Religion sind die wichtigsten Ziele seines frühen, gescheiterten Resonanzbegehrens im Sinne der Anerkennung seines Lebensentwurfs, der sich auf die Entwicklung seiner kreativen Fähigkeiten bezieht. Aber soziale und familiäre Missachtung „erzeugt konstitutive Entfremdungserfahrungen: Wer missachtet wird, steht in einer repulsiven Weltbeziehung".[14] Der Ausweg aus der Sackgasse der versagten Anerkennung in der Familie kann nur in der Bewältigung dieser Krise durch literarische Verarbeitung und Erweiterung seiner Resonanzbemühungen im Hinblick auf Kunst, Natur, Liebe und einen undogmatischen Glauben liegen. Bei der Analyse der Bedeutung von Resonanzbeziehungen für Hesses Leben und Werk sollte jedoch nicht vergessen werden, dass der Autor nach der Jugendkrise einen langen und schweren Weg aus der Einsamkeit und Verzweiflung herauszugehen hatte, spontane und herzliche Zufallsbekanntschaften werden bis an sein Lebensende Ausnahmen bleiben, wobei auffällig ist, wie unkompliziert und vorurteilsfrei Hesse den Kontakt mit einfachen Menschen gestaltet. Diese Unmittelbarkeit zeigt sich auch in seinem Verhältnis zu den Dingen und der Materialität des Lebens, den Instrumenten der Arbeit im Garten, am Schreibtisch oder beim Malen. Hier scheinen die Dinge in einem entgegenkommenden und antwortend-resonanten Verhältnis zum Arbeitenden zu stehen; Hesse liegen seine Arbeitsutensilien gut in der Hand, langer Gebrauch macht sie zu vertrauten und persönlichen Gegenständen, die durch Erfahrung Teil des Lebens werden und eine besondere Aura erhalten. Rosa bringt die Ding-Resonanz in Verbindung mit einer poetisch-romantischen Weltbeziehung,[15] und wir können diese Beobachtung auf das Verhältnis zur Natur ausdehnen. Die Natur besetzt dabei im System der Dinge einen herausgehobenen Platz, denn einerseits ist sie „als die zentrale Resonanzsphäre des Menschen konzipiert",[16] die unmittelbare körperliche und emotionale Eindrücke hinterlässt sowie ein aktives Antwortverhalten herausfordert und gleichzeitig durch ihr selbstschaffendes System ökologischen Gleichgewichts als innerer psychischer Maßstab von gelingendem Leben gelten kann. Andererseits erweist sich die Natur als das Unverfügbare und stumm-feindliche Prinzip an sich, denn der Mensch muss sich auch noch in der Moderne stetig ihrer drängenden Reichweitenvergrößerung erwehren. Dabei entwickelt er ein verdinglichendes und exploitatives Verhältnis zur Natur im globalen Maßstab,[17] sodass auch die zum Überleben des Planeten nötigen Ressourcen gefährdet sind; ein Prozess, der zu Hesses Lebenszeit bereits eine gefährliche Dynamik erreicht, die dem Autor, der der technischen Entwicklung skeptisch gegenübersteht, durchaus bewusst ist. Mit dem 19. Jahrhundert beginnt zudem eine Entwicklung, die parallel zur intensiven Ausbeutung und Instrumentalisierung der natürlichen Umwelt die sich beschleunigende systematische Nutzung der ‚schönen Natur' als Resonanzressource vorantreibt, die im 20. und 21. Jahrhundert enorme Verheerungen durch den globalen Massentourismus bewirkt. Die intensive Vernutzung der Natur durch rekreative menschliche Aktivitäten wird vor Hesses Augen in der Verwandlung der Landschaft des Tessin deutlich.[18] Doch ist für den Dichter weitgehend noch die erfahrene konstruktive Koexistenz von Natur und Gesellschaft prägend, sowohl am Beispiel des Handwerkerstädtchens Calw, der Verwaltungsstadt Bern und der sich entwickelnden Industriestadt Basel wie auch bei seinen zahllosen Wanderungen und Reisen im Schwarzwald, durch alemannisches Gebiet und in Italien. Nicht zuletzt sind seine Gärten und die Ausblicke seiner Wohnungen und Häuser, angefangen in Gaienhofen, von entscheidender Bedeutung für Hesse. Die Jahre am Bodensee und die vier Jahrzehnte im Tessin dürfen bei allen Krisen und Bedrängnissen als die glücklichsten des Autors gelten, der sich am wohlsten fühlt, wenn er sein Resonanzbegehren im Gleichgewicht von geschützter kreativer Arbeit am Schreibtisch und am Zeichenbrett mit dem aktiven dialogischen Verhältnis zur Natur in seinem Garten verwirklichen kann: „Zur Etablierung einer genuinen Resonanzbeziehung gehört jedoch notwendig auch die Aktivierung der gegenläufigen Bewegungsrichtung: Das Berühren, Bewegen, Verändern, Gestalten der Dinge und damit die Erfahrung handelnder Selbstwirksamkeit. Im Umgang mit Materialitäten wird dieser umgekehrte Vorgang gemeinhin als *Arbeit* kategorisiert".[19]

Es ist sicher ein bedeutsames Merkmal, dass Hesse ein Gleichgewicht von kreativer geistiger und künstlerischer Arbeit und praktischer Arbeit in und mit der Natur herstellen will, einen Ausgleich auch von aktiver (schreiben, malen, gärtnern) und passiver (lesen, betrachten, wandern) Tätigkeit. Seine lebenslange intensive Auseinandersetzung mit christlichen, indischen und vor allem chinesischen Weltanschauungslehren unterstützt und befördert dabei seine reflektiert pazifistischen, sozialen und konservatorischen Überzeugungen, die er nach und nach entwickelt. Im Zentrum all dieser Bestrebungen, die sich auf ein offen-aktives und dialogisch-ausgewogenes Weltverhältnis konzentrieren, steht die künstlerische, vor allem literarische Arbeit, die bei Hesse neben Gedichten, Romanen und Erzählungen zwei Bereiche einschließt, die rein quantitativ die kreative Arbeit nicht selten zu ersticken drohen: die schier unfassbare Korrespondenz, vor allem in den schwierigen Kriegsjahren, und die über lange Jahre intensiv betriebene Arbeit als Literaturkritiker, die vor allem am Beginn

Hesse, 1926

seiner Karriere von großer Bedeutung ist, denn Hesse muss sich ‚vernetzen', Freunde in den Redaktionen der Zeitschriften und in den wichtigen Verlagen finden. Dieses Ziel erreicht er nicht nur durch die Veröffentlichung von Erzählungen und Gedichten, sondern durch die Korrespondenz mit Gleichgesinnten, Kolleginnen und Kollegen. Bei alldem sind ihm aber vor allem seine erworbenen buchhändlerischen Kenntnisse von großer Hilfe; Hesse hat bei aller Vorliebe für romantische Traditionen ein sehr realistisches und pragmatisches Bild von den Usancen des Verlagswesens seiner Zeit, er kann von Beginn an auf Augenhöhe mit den Lektoren, Redakteuren und Verlegern verhandeln, und er weiß seine Interessen ohne Sentimentalitäten zu vertreten.

Leben mit dem Eigensinn

So kommen um 1900 alle wichtigen Voraussetzungen zusammen, um einen erfolgreichen Kampf um Anerkennung und entgegenkommende Resonanz in einer literarischen Karriere zu führen: Er hat seine frühen Selbsttäuschungen und Kränkungen verarbeitet, seine juvenile Selbstüberschätzung durch harte und leidvolle Realitätsprüfungen korrigiert, alte Vorlieben neu bewertet und sich wichtiges wie auch nützliches Wissen im Beruf und durch Selbststudium erworben, und er hat gelernt, seine Kommunikationsfähigkeiten auszubilden und zu modulieren. Er hat seine spontanen emotionalen Überschüsse mittlerweile besser unter Kontrolle, sodass sein direktes soziales Umfeld konstruktiv auf ihn reagieren kann. Vor allem aber blickt er auf mehrere ernstzunehmende Publikationen und die anerkennende Zustimmung seiner wenigen Leserinnen und Leser zurück. Er ist sich seines Talents sicher, steht in Kontakt zu Gleichgesinnten und besitzt wichtiges professionelles Wissen. Alle Bedingungen für den Start seiner literarischen Karriere sind erfüllt – bis auf zwei Probleme: Hesse muss nach der frustrierten Zuneigung zu Elisabeth La Roche weiterhin auf eine erfüllte, auf gegenseitiger Anerkennung basierende Liebesbeziehung, auf die Etablierung eines privaten und persönlichen Resonanzraums verzichten, und er hat einen Eigensinn in sich groß werden lassen, der zur Bewältigung all seiner frühen Probleme für ihn unverzichtbar war. Die ersehnte Beziehung stellt sich überraschend schnell ein, aber die Macht seines Eigensinns einzuhegen, wird ihm bis an sein Lebensende nicht völlig gelingen und ihm neben intensiven künstlerisch-kreativen Höhenflügen auch zahllose Probleme bereiten, denn die frühe Flucht aus den konventionellen Bildungsinstitutionen führt nicht selten zu mehr oder minder unkontrollierten autodidaktischen Fehlstellungen, die dann in Privatmythologien, ideologische Überzeugungen oder sogar Verschwörungsphantasien münden können. Hesse ist durch seine zwar von ihm abgelehnte, aber dennoch wirksame intellektuelle Sozialisation in Kindheit und Jugend davor weitgehend geschützt, aber er erklärt das autodidaktische Prinzip zu einem Wert an sich, der sich eben als Eigensinn äußere. Der Eigensinn, den er meint, ist der Sinn für das dem jeweiligen Menschen Eigene, also für dasjenige, das die individuelle Identität begründet. Doch findet sich neben vielen positiven Elementen der Identitätsfindung auch eine Reihe von eher problematischen Aspekten, die oft den Eigensinn in eine unhinterfragbare Eigenwilligkeit und schließlich in Starrsinn verwandelt. Hesse weiß, dass er weltanschauliche Überzeugungen erworben und kultiviert hat, die teilweise in schroffem Gegensatz zu den landläufigen Gesellschaftskonventionen stehen, die aber für ihn unentbehrlich sind, um seine komplexe Persönlichkeit und seine Kreativität zu stabilisieren. Er muss auch weiterhin dort um Anerkennung kämpfen, wo er den Ansichten der bürgerlichen Welt nicht entsprechen kann, nicht weil er Anhänger einer extremen Ideologie wäre, sondern weil er sein eigener Herr mit seinen eigenen Überzeugungen ist, die bei aller Ähnlichkeit zu existierenden Weltanschauungen doch niemals mit ihnen identisch sind. So ist er kein Parteipazifist oder -sozialist, auch kein Christ, Buddhist oder Taoist; er ist Menschenfreund, meidet die Menschen aber, wenn möglich. Er ist ökologisch bewusst und sympathisiert mit den naturverbundenen Aussteigerbewegungen, distanziert sich aber nach genauerer

Anschauung schnell und deutlich davon. Er verabscheut Dogmatismus und blinden Glaubensgehorsam, aber sein vielleicht engster Freund, Hugo Ball, ist ein asketisch-rigoroser Katholik, und obwohl er weiß, dass seine künstlerische Freiheit mit einem bürgerlichen Familienalltag nicht vereinbar ist, heiratet er früh und wird schnell Vater von drei Kindern, Architekt seines eigenen Hauses und hingebungsvoller Gärtner. Der Eigensinn, so stellt er bald fest, ist eine effektvolle und dynamische Kraft, die allerdings keine eigene Orientierung besitzt – fehlt der persönliche korrigierende Kompass, kann sie auch in die Irre führen. Hesse ist davor geschützt, auch weil er seine weltanschaulichen Überzeugungen aus der Kenntnis der humanistischen Dimension des Denkens entwickelt, die Kunst und Leben bei ihm vermittelt; sein Eigensinn findet seine Grenze aber vor der Dialektik der Anerkennung und dem respektvollen Begehren nach Resonanz. Anerkennung wird ihm dabei im weiteren Verlauf seines Lebens oftmals im Übermaß zuteil, sodass er schon nach dem Durchbruchs-

Hesse-Porträt, 1910

erfolg des *Peter Camenzind* seine ungewohnte Popularität beklagt. Über lange Zeiträume aber leidet er intensiv unter der Verweigerung von Anerkennung, ungerechter Kritik und hasserfüllten Verleumdungen. Er wehrt sich gegen diese oft äußerst arroganten und beleidigenden Angriffe in der Öffentlichkeit, aber vor allem auch in seinen ungemein zahlreichen Briefen, wobei er seine Korrespondenz zu einem ganz eigenständigen Resonanzraum ausbaut. Seine Reputation als Schriftsteller, politischer Kommentator und „Weltweiser" (eine in der Aufklärung beliebte Umschreibung für „Philosoph") ist Gegenstand der öffentlichen Diskussion mit all ihren Täuschungen, Verleumdungen und Missverständnissen, die sich der Kontrolle des Autors weitgehend entziehen, und so konzentriert sich Hesse auf seine Leserschaft als der wahren Quelle der Anerkennung. Tatsächlich erreichen ihn zahllose Leserbriefe, die ein großes Einverständnis signalisieren, aber auch viele Mitteilungen, die Unwillen, Unverständnis, Gekränktheit und auch Aggressionen ausdrücken. Von Beginn an nimmt Hesse die Briefe seiner Leserschaft sehr ernst; er liest alle Briefe – oder lässt sie sich später, als die Augen zunehmend Beschwerden machen, vorlesen – und versucht, so viele wie möglich zu beantworten. Im Laufe der Zeit entsteht so nicht nur ein ungeheurer Briefcorpus, sondern auch eine erdrückende Arbeitslast, die über Jahre hinweg seine literarische Produktion lahmlegen kann. Hesse weiß, dass er durch seine Briefobsession sein Werk gefährdet, er weiß auch, dass der weitaus überwiegende Teil der Leserbriefe kaum einer Antwort würdig ist, zumal sich die aggressiven Beleidigungen mehren, aber er kann sich bis an sein Lebensende nicht dazu entscheiden, einen persönlichen Sekretär mit der Beantwortung der sich immer wiederholenden unbedeutenden Korrespondenz zu beauftragen. Der Grund für diesen selbstzerstörerischen Zwang zur persönlichen Antwort liegt in Hesses Jugend und frühem Mannesalter: Er zieht aus der Korrespondenz der Jahre nach 1895 und vor allem aus dem Kontakt mit herausragenden Briefpartnerinnen und Briefpartnern eben jene bestätigende Anerkennung, die ihm als ein Lebenselixier notwendig ist. Dieses Gefühl und die Erfahrung einer entgegenkommenden Resonanz ist das Ziel seiner obsessiven Brieflektüre: Er sucht in jedem Brief den seltenen Ton des wahren Verständnisses, den Seelenbruder und die Geistesschwester – nicht zufällig erinnern diese Begriffe an religiöse Gemeinschaften, schon der Vater gründete seinen Lebensentwurf auf seine Sehnsucht nach identifizierender Eingliederung in eine Glaubensgemeinschaft –, die in einschwingender Übereinstimmung seine künstlerisch-menschliche Identität affirmieren und bestätigen.

Aber Hesse ist keineswegs harmoniesüchtig, er sucht zwar in seinen Briefantworten zumeist eine vermittelnde Position einzunehmen, rät zu rationalen und überlegten Lösungen, bietet auch Rat und praktische Hilfe an, wo es sinnvoll erscheint, aber er kompromittiert sich und seine humanistischen Ideale an keiner Stelle. All denen, die ihn über die Jahrzehnte zu den Idealen des Kriegs für Kaiser und Vaterland oder zu den barbarischen Vernichtungszielen des Nationalsozialismus bekehren wollen, tritt er mit deutlichen Worten energisch entgegen, und er macht auch bei engen Freunden keine Ausnahme.[20] Belehrungen von Fremden werden nicht selten mit entschiedener, aber begründeter Ablehnung bedacht, und bei aller Toleranz gegenüber Fragen und Leseproben junger Autorinnen und Autoren, die er fast immer zur Ausbildung ihrer Fähigkeiten bei gleichzeitiger Selbstprüfung ermuntert, kann er auch ausnahmsweise eine eindeutige Abfuhr und vernichtende Kritik formulieren. Alles in allem sind Hesses Briefe das vielleicht wichtigste Dokument seines Wunsches nach menschlicher und künstlerischer Anerkennung und Ausdruck seines aktiv eingreifenden Resonanzbegehrens, das sich aber auch noch auf andere Art äußert.

Im Ersten Weltkrieg lebt er, nach mehreren Musterungen als dauerhaft wehrunfähig erklärt, in Bern und bietet sich der deutschen Botschaft an, für die deutschen Kriegsgefangenen im Ausland Buchsendungen von Spendern zu organisieren. Bis 1919 widmet er praktisch seine ganze Arbeitskraft dieser zeitweilig ins Riesenhafte wachsenden Aufgabe, die als eine ganz spezifische Art von entgegenkommender Resonanzbestrebung verstanden werden muss. Hesse fühlt sein ganzes Leben lang eine besondere Verantwortlichkeit nicht nur für seine engere Familie und Freunde, sondern auch für Verfolgte, Geflüchtete und unglücklich Leidende, denen er oft auch bis zur Erschöpfung eigener Mittel uneigennützig behilflich ist. Diese aufopferungsvolle Tätigkeit, die vor allem den Verfolgten des Naziregimes gewidmet ist, findet unter seinen deutschsprachigen Autorenkolleginnen und -kollegen nicht ihresgleichen: Hesse verschwendet sich und sein Werk vor allem seit 1933 in den vielfältigsten Aktivitäten, um Bedürftigen zu helfen. Er tut dies aus dem Bewusstsein und dem Wunsch nach entgegenkommender Resonanz heraus, indem er ohne Ansehen der Person tätige Hilfe leistet.

Ein anderes Gebiet seiner nahezu unfassbaren Arbeitsleistung wird gewöhnlich übersehen und nicht mit der Dialektik von Anerkennung und Resonanz in Verbindung gebracht: Hesse schreibt bis etwa 1935[21] zahlreiche Buchrezensionen, die in der 20-bändigen Werkausgabe ein Viertel der Bände ausmachen. Seine Besprechungen und ihre grundlegenden Prinzipien wohlmeinender Einfühlung sind häufig kritisiert worden, aber der explizite Verzicht auf negative Kritik oder gar Verrisse hat seinen Grund unter anderem in der Einbindung der Rezensionen in den Rahmen von Anerkennung und Resonanz. Der Rezensent sucht das Positive als Anknüpfungspunkt für ein gegenseitiges Gespräch, in dem der Kritiker einfühlsam Stärken erkennt, Schwächen benennt und in dem nächsten Werk des Autors oder der Autorin eine Antwort im Sinne der Weiterentwicklung und der Vertiefung findet. Natürlich ist das nur eine von mehreren Funktionen der Literaturkritik, aber sie ist für die Verfasserinnen und Verfasser vielleicht wichtiger, weil konstruktiv, als die schneidende negative Kritik, die Fehlentwicklungen korrigieren oder ausmerzen will.[22] Seine Rezensionen sind sicherlich nicht alle resonierende Gesprächsangebote, aber sie ermöglichen zumindest virtuell ein Gesprächsangebot mit Autorin oder Autor.

Nach dem Ende des Ersten Weltkriegs, dem Scheitern der Ehe und dem ersten Durchbruch der Krankheit seiner Frau beginnt für den Autor Hesse eine neue Phase der Kreativität im Tessin, wo er bis an sein Lebensende bleiben wird. Der Charakter seines Werks ändert sich, und er verliert viele Leserinnen und Leser; seine eigenen körperlichen und seelischen Beschwerden bleiben, auch eine Therapie bringt keine dauerhafte Erleichterung. Die zweite, gegen seinen Willen geschlossene katastrophale Ehe mit Ruth Wenger verschärft seine Probleme, aber er bleibt produktiv. Erst ab 1930 entspannt sich die Situation ein wenig, nachdem Ninon Dolbin seit 1927 immer mehr Zeit mit ihm in Montagnola verbringt und die er nach Klärung der persönlichen Umstände auch heiratet und mit ihr schließlich in die Casa Rossa zieht, eine äußerst großzügige Dauerleihgabe seines Gönners und Freundes H. C. Bodmer. In den noch verbleibenden 30 Jahren bis zu seinem Tod 1962 ragt der späte Roman *Das Glasperlenspiel* (1943), an dem er über zehn Jahre mit langen Unterbrechungen arbeitet, heraus. Der Eindruck jedoch, der Autor habe nichts mehr zu sagen und zu publizieren, täuscht: Hesses unermüdliche Arbeit für die Exilierten, die Fliehenden und die Leidenden hört nicht auf, ebenso wenig wie seine Briefe, in denen er nach 1945 zunächst die besiegten und befreiten Freunde in Deutschland berät, aufklärt, kritisiert und ihnen hilft, wobei er nur zu oft auf selbstgerechtes Verhalten unbelehrbarer Nazis trifft, die, wie viele andere Deutsche, sein entgegenkommendes Resonanzangebot verweigern. Wieder muss er sich gegen hasserfüllte und selbstmitleidige Angriffe wehren, sodass ihm der Lebensmut zu schwinden droht. Selbst die Zuerkennung des Nobelpreises und des Goethepreises 1946 als höchste öffentliche Anerkennung werden von ihm als Belastung erfahren. Gesundheitliche Beschwerden beeinträchtigen zunehmend seinen Aktionsradius, aber der Blick in die Briefe zeigt einen Autor, der noch immer von den gleichen Energien zehrt, die er sich seit seiner Jugend erarbeitet hat und die ihn auch weiterhin in seinen Bemühungen leiten: „Demnach ich aber dieses mein Werck nur vor meines gleichen einfältige Leut schreibe/ die etwas zu wissen begehren/ […] daß dennoch mit dem wenigen so ich erfahren/ meinem Nebenmenschen zu dienen begehre; […] wer aber etwas weiß/ sols seinem Nebenmenschen communiciren."[23]

Hesse hätte sich über dieses Zitat Grimmelshausens auch als Beschreibung seines Werks wohl gefreut, denn auch für seinen großen Vorfahren stand der Kampf um Anerkennung und Resonanz als zentrale Elemente der zu erringenden Identität im Zentrum seines Werks.

Hesse mit seiner Frau Ninon, 1962

Anmerkungen

1 Die folgenden Ausführungen gehen zurück auf Charles Taylor: Multikulturalismus und die Politik der Anerkennung. Frankfurt 2020.

2 Taylor: Multikulturalismus, S. 18.

3 Taylor: Multikulturalismu*s*, S. 23. Der Begriff des ‚signifikanten Anderen', der in den 1980er Jahren in Nordamerika häufig als Synonym für ‚Lebenspartner' beziehungsweise ‚Lebenspartnerin' benutzt wurde, stammt von dem amerikanischen Soziologen George Herbert Mead.

4 Kindheit und Jugend vor Neunzehnhundert: Hermann Hesse in Briefen und Lebenszeugnissen 1877–1895. Ausgewählt u. herausgegeben v. Ninon Hesse. Frankfurt 1966 [u. ö.]. Erst 1975, neun Jahre nach ihrem Tod, werden in ihrem Nachlass die umfangreichen Vorarbeiten für einen Folgeband entdeckt, der, von Gerhard Kirchhoff fortgesetzt und aufgrund neuer Quellen erweitert, 1978 erscheint: Kindheit und Jugend vor Neunzehnhundert: Hermann Hesse in Briefen und Lebenszeugnissen. Zweiter Band: 1895–1900. Hg. v. Ninon Hesse, fortges. u. erw. v. Gerhard Kirchhoff. Frankfurt 1978 [u. ö.].

5 Sigmund Freud: Metapsychologische Ergänzung zur Traumlehre. In: Sigmund Freud: Gesammelte Werke. Bd. 10: Werke aus den Jahren 1913–1917. Frankfurt 1999 [zuerst 1916], S. 412–426, hier 421.

6 Vgl. dazu Thomas Bedorf: Verkennende Anerkennung. Berlin 2010.

7 Hartmut Rosa: Resonanz. Eine Soziologie der Weltbeziehung. Berlin 2020. Im Folgenden fasse ich Teile von Rosas Argumentation zusammen.

8 Rosa: Resonanz, S. 45.

9 Rosa: Resonanz, S. 53.

10 Rosa: Resonanz, S. 59.

11 Rosa: Resonanz, S. 283.

12 Rosa: Resonanz, S. 288. „*Resonanz ist das (momenthafte) Aufscheinen, das Aufleuchten einer Verbindung zu einer Quelle starker Wertungen in einer überwiegend schweigenden und oft auch repulsiven Welt*" (S. 317).

13 Rosa: Resonanz, S. 298. „Tatsächlich lässt sich die Auffassung vertreten und begründen, Anerkennung sei die Form der Resonanz in unseren sozialen Weltbeziehungen" (S. 332).

14 Rosa: Resonanz, S. 336. „Die vielleicht folgenreichste Form von Missachtung stellen jedoch Sozialverhältnisse dar, in denen die Abwertung dem Resonanzerleben selbst gilt" (S. 338). Damit ist für Hesse der zentrale Charakter seiner Texte beschrieben, die aus der, wie Rosa es nennt, Selbstwirksamkeitserwartung erwachsen.

15 Vgl. Rosa: Resonanz, S. 387.

16 Rosa: Resonanz, S. 457.

17 Siehe dazu Carolyn Merchant: Der Tod der Natur: Ökologie, Frauen und neuzeitliche Naturwissenschaft. München 1994.

18 „In der Kultur der Spätmoderne wird die Natur tendenziell als eine Resonanz*oase* konzeptualisiert und erfahren […]. Sie wird aufgesucht in den *außeralltäglichen* Momenten des Lebens […]. Dabei dominiert ein naturästhetisch-rezeptiver oder romantisch-kontemplativer Wahrnehmungsmodus […]. Natur wird hier gerade nicht tätig anverwandelt, sondern als ‚erhabenes Schauspiel' genossen" (Rosa, Resonanz, S. 468).

19 Rosa: Resonanz, S. 393.

20 Hesse war ein großer Verehrer von Hans Carossa und seinem Werk; dass dieser ohne eigenes Zutun auf der sogenannten Gottbegnadetenliste der von allen Kriegseinschränkungen befreiten Künstler im Nationalsozialismus stand, war Hesse wahrscheinlich nicht bewusst. Carossas autobiographische Apologie *Ungleiche Welten* (1951) findet bei Hesse dann allerdings keine Gnade mehr. Da er sich bewusst nicht regelmäßig über politische Ereignisse und allgemeine Neuigkeiten informiert und auf die Hinweise seiner Frau Ninon angewiesen ist, entgeht ihm einiges. Ob er allerdings die unangenehme Nazi-Vergangenheit Luise Rinsers hätte ahnen können, ist unwahrscheinlich: Die Autorin hatte ihn mit einer Nachkriegsnovelle beeindruckt, und sie nutzte den Kontakt zu dem Nobelpreisträger zu ihren Zwecken. Im Nationalsozialismus war die junge Lehrerin überzeugte Nationalsozialistin, die Kollegen denunzierte.

21 Die Störmanöver der Nazis und die gewandelte Publikationssituation der Zeit nach 1933 entziehen ihm weitgehend den Boden für diese Tätigkeit, deren Aufgabe dann auch die notwendige Zeit für die Geflüchtetenhilfe bereitstellt.

22 Wie viele seiner Zeitgenossen hat Hesse allerdings auch eine Vielzahl von bedeutungslosen und drittklassigen Texten rezensiert; vieles davon hatte nur zeitgenössische Signifikanz und ist heute zurecht vergessen. Er gehört aber zu den wenigen Lesern und Kritikern, die die Bedeutung von Kafka und Robert Walser sofort erkannt haben. Es gehört zu seiner Persönlichkeit, dass er sich auch tatkräftig für eine finanzielle Unterstützung Walsers einsetzt, obwohl der sich abfällig über Hesse geäußert hat.

[23] [Hans Jakob Christoffel von] Grimmelshausen: Satyrischer Pilgram[/ Das ist: Kalt und Warm/ Weiß und Schwartz/ Lob und Schand/ über guths und böß Tugend und Laster/ auch Nutz und Schad vieler Ständt und Ding der Sichtbarn und Unsichtbarn der Zeitlichen und Ewigen Welt. Beydes lustig und nützlich zulesen]. Hg. v. Wolfgang Bender. Tübingen 1970 [zuerst unter dem Pseudonym Samuel Greifnson vom Hirschfeld 1667 veröffentlicht].

Literatur

Hermann Hesse: Sämtliche Werke. 20 Bde. u. ein Registerband. Hg. v. Volker Michels. Frankfurt 2001–2007.

Hermann Hesse: Die Briefe. 10 Bde. Hg. v. Volker Michels. Frankfurt 2012–[...]. (Bis 2021 sind 7 Bde. erschienen; sie sammeln die Briefe bis 1950)

Hermann Hesse: Politik des Gewissens. Die politischen Schriften. 2 Bde. Rev. u. erw. Ausgabe. Hg. v. Volker Michels. Frankfurt 1981.

Kindheit und Jugend vor Neunzehnhundert: Hermann Hesse in Briefen und Lebenszeugnissen 1877–1895. Ausgewählt u. herausgegeben v. Ninon Hesse. Frankfurt 1966.

Kindheit und Jugend vor Neunzehnhundert: Hermann Hesse in Briefen und Lebenszeugnissen. Zweiter Band: 1895–1900. Hg. v. Ninon Hesse, fortges. u. erw. v. Gerhard Kirchhoff. Frankfurt 1978.

Gunnar Decker: Hermann Hesse. Der Wanderer und sein Schatten. Biographie. München 2012.

Ralph Freedman: Hermann Hesse: Autor der Krisis. Eine Biographie. Frankfurt 1982.

Hermann Hesse. Sein Leben in Bildern und Texten. Hg. v. Volker Michels. Frankfurt 1979.

Marie Hesse. Die Mutter von Hermann Hesse. Ein Lebensbild in Briefen und Tagebüchern. Hg. v. Adele Gundert. Frankfurt 1977.

Gisela Kleine: Zwischen Welt und Zaubergarten. Ninon und Hermann Hesse: ein Leben im Dialog. Frankfurt 1988.

Michael Limberg: Hermann Hesse. Frankfurt 2005.

Bärbel Reetz: Hesses Frauen. Berlin 2012.

Sikander Singh: Hermann Hesse. Stuttgart 2006.

Lebens-Ansichten

Dunkles Kommen, helles Gehen

Hintergründe I: Die Großeltern mütterlicherseits

Die Großmutter Julie Dubois stammt aus Corcelles bei Neuchâtel in der französischsprachigen Schweiz, und sie begegnet Hermann Gundert im Rahmen ihres ersten missionarischen Einsatzes in Indien. Sie ist für die missionarische Lebensweise in dem Tropenland physisch und mental besser geeignet als die meisten anderen Beschäftigten der Missionsgesellschaft, denn sie blüht in der Hitze auf, lernt die indischen Sprachen schnell und gut, und sie hat ein unmittelbares und fürsorgendes Wesen im Umgang mit den indischen Kindern. Dabei ist sie glaubensstreng und praktisch orientiert; da sie nie richtig Deutsch lernt, wird in ihrem Haus auch nach der Rückkehr nach Deutschland zumeist französisch und englisch gesprochen.

Hermann Gundert heiratet Julie Dubois 1838 in Indien aus missionarisch-praktischen Gründen, nicht zuletzt aber auch, weil sie ihm seinen Indienaufenthalt und seine linguistischen Forschungen erleichtert.

Der zumeist joviale und freundliche Gelehrte wird ein international bekannter Experte für indische Sprachen und Dialekte, die er 24 Jahre lang vor Ort im Zusammenhang der internationalen Missionsarbeit erforscht und in einem repräsentativen englisch-indischen Malayalam-Wörterbuch, einer Grammatik des Malayalam und zahlreichen weiteren linguistischen und missionarischen Schriften dokumentiert hat. Das organisatorische Zentrum der Missionsarbeit ist die evangelische Missionsgesellschaft in Basel und deren publizistischer Arm, der von Christian Gottlob Barth (1799–1862) 1833 gegründete Calwer Verlagsverein, in dessen Haus nicht nur Barth, sondern auch Gundert und seine Familie leben. 1862 wird er Nachfolger von Barth, und 1886 ziehen auch Johannes und Marie Hesse nach ihrer von Hermann Gundert verfügten Rückkehr aus Basel in das Verlagsgebäude, das der zentrale Erfahrungsort für den nunmehr neunjährigen Hermann wird, der die fünf Jahre zuvor in Basel verbracht hat, wo seine Eltern für die dortige Missionsgesellschaft tätig waren.

Hermann Gundert (1814–1893) und seine Frau Julie, geb. Dubois (1809–1885), Hesses Großeltern mütterlicherseits

Hintergründe II: Die Großeltern väterlicherseits

Carl Hermann Hesse (1802–1896), der Großvater Hesses, den der Dichter nie persönlich kennenlernt, ist eine ungewöhnliche Erscheinung, die eine überzeugte und nicht immer undogmatische Frömmigkeit mit einem weltzugewandten und genussfreudigen Lebensstil verbindet. Er studiert ohne besondere Neigung Medizin und lässt sich schließlich in Weißenstein in Estland, damals Russland zugehörig, nieder. Sein Lebensentwurf konzentriert sich dabei auf eine fromme Existenz inmitten eines Kreises Gleichgesinnter, den er tatsächlich mit adligen Familien in seiner direkten Umgebung realisieren kann. Seine erste Frau Jenny, eine empfindliche und zurückgezogene Frau, die immer wieder an Depressionen und Migräne leidet, bekommt sechs Kinder, 1847 mit 40 Jahren Johannes, den Vater Hesses. 1851 stirbt sie bei der Geburt ihres letzten Kindes. Von ihr stammen viele der physischen und psychischen Probleme, die Hesses Vater sein Leben lang schwer plagen und die er an den Dichter vererbt.

Auch Carl Hermann Hesses zweite Frau Lina, 29 Jahre jünger als ihr Mann, stirbt in ihrer Schwangerschaft 1854; wie auch bei dem Tod seiner kleinen Tochter Agathe betet er nicht für ihre Gesundung, denn ihr Tod sei Gottes Wille. Hesses Großvater besitzt aber auch eine großzügige Ader, die es ihm erlaubt, in dem Adelskreis, in den er schließlich auch einheiratet, repräsentativ zu wirken. Er ist wie kein anderes Familienmitglied bei aller gelebten Frömmigkeit auch den materiellen Seiten des Lebens zugewandt, weshalb er noch hochbetagt mit dem schwierigen Enkel Hermann einen launigen Briefwechsel führen kann.

Hermann Gundert und seine Frau Julie

Carl Hermann Hesse (1802–1896), der Großvater väterlicherseits

Jenny Hesse (1807–1851), die Großmutter väterlicherseits

Carl Hermann Hesse mit seiner Familie, 1893

Komplexes Erbe: Die Mutter

Marie Hesse (1842–1902), die Tochter Hermann Gunderts und die Mutter Hermann Hesses, wird in Talatscheri in Indien geboren. Sie verlebt ihre ersten vier Lebensjahre dort, bevor sie in Basel bei Freunden der Familie lebt und später zunächst in ein religiöses Internat ins schwäbische Korntal und anschließend als Strafe für ihre unkontrollierte und überaus lebhafte Gefühlsbegeisterung als Haushaltshilfe zu einer Lehrerfamilie in das schweizerische Corcelles überwiesen wird. Durch die demütigenden Arbeiten in der armen Familie soll offenbar ihr Eigenwille gebrochen werden.

Die von den nach Indien gereisten Eltern zurückgelassene Marie Gundert ist ein burschikoser und naturverbundener Trotzkopf, der lieber ein Junge gewesen wäre; gleichzeitig ist sie aber auch eine Liebhaberin der Poesie, die sie in der Natur wiederfindet und die ihre Leidenschaften anregt. Sie erzählt in ihrer Selbstbiographie aber auch von düsteren und angsterfüllten Depressionen in ihrer Kindheit, sie sei ein leicht reizbares Kind gewesen, das von den Eltern nach einem Besuch in Deutschland zurückgelassen wird. Sie fühlt sich von ihren Eltern ebenso verraten wie ihr Sohn Hermann, den sie selbst mit sechs Jahren ein Vierteljahr im Basler Knabenhaus unterbringt, weil die Eltern „zu nervös, zu schwach für ihn sind".

Sie darf erst 1857 zu ihren Eltern nach Indien reisen, die dort im Missionarsdienst stehen, aber schon auf der Reise dorthin scheint sie die Befürchtungen der Eltern zu bestätigen, als sich die 15-jährige in einen jungen Engländer verliebt, der erfolglos bei ihrem Vater um ihre Hand anhält. Obgleich er noch jahrelang auf sie wartet und die Zuneigung auch bei Marie andauert und nie ganz verschwindet, heiratet sie den englischen Missionar Charles Isenberg (1840–1870), den sie während seiner Ausbildung in Cannstatt kennengelernt hat, 1865 in ihrer Geburtsstadt Talatscheri. 1866 wird der erste Sohn, Theodor, geboren, 1869 Karl, die beiden Stiefbrüder Hermann Hesses. Vor allem Karl wird zu einem wichtigen Gesprächspartner während Hesses Krisenbewältigung Mitte der Neunzigerjahre. Charles Isenberg muss 1869 aus Gesundheitsgründen zurück nach Deutschland, er stirbt bereits 1870; Marie Isenberg heiratet schließlich 1874 den fünf Jahre jüngeren Johannes Hesse, der ebenfalls wegen seiner angegriffenen Konstitution den Missionarsdienst in Indien hat aufgeben müssen.

Marie Gundert (1842–1902), die Mutter des Dichters als junge Frau in Indien

Marie Hesse, Hesses Mutter

Marie mit ihrem ersten Mann, dem Missionar Charles Isenberg (1840–1870)

Die Witwe Marie Isenberg mit den Söhnen Karl (1869–1937) und Theodor (1866–1941), den Stiefbrüdern Hermann Hesses

Komplexes Erbe: Der Vater

Hesses Vater Johannes (1847–1916) ist das fünfte Kind des zeugungsfreudigen Großvaters Carl Hermann und seiner physisch und psychisch zerbrechlichen Frau Jenny. Er verliert mit vier Jahren die Mutter und mit sieben Jahren die erste Stiefmutter, bevor er mit elf Jahren wegen ungehörigen Benehmens von seinem Vater zu Bekannten nach Reval (Tallinn) auf die Ritter- und Domschule geschickt wird, ebenso wie er seinen Sohn Hermann in die Göppinger Knabenpresse des Rektors Bauer stecken wird, um ihn für das Landexamen vorzubereiten.

Johannes Hesse (1847–1916), der
Vater Hesses, als Schüler

Schweres Erbe

Johannes, der sein ganzes Leben lang an schweren Depressionen und heftigen Kopfschmerzen leidet, vermutlich ein Erbteil seiner früh verstorbenen Mutter, gibt seinen akademischen Plan, Theologie zu studieren, auf, um sich aus religiöser Begeisterung der Missionsarbeit zu widmen. Den Gegensatz seines willensstarken Ichs und seiner anfälligen nervösen Konstitution will er durch das Leben in einer engen religiösen Gemeinschaft verdrängen und überwinden; er sehnt sich nach der Unterwerfung seines Ichs unter den heiligen Zweck des missionarischen Dienstes. Dabei ist er ein hochgebildeter, äußerst sensibler und nervöser junger Mann, der es als Missionar nur wenige Jahre in Indien aushält und aus Gesundheitsgründen zurück nach Deutschland kommt, um im Calwer Verlagsverein mitzuarbeiten. Seine körperlichen und vor allem psychischen Probleme führen im Verlauf seines Leben zu zahlreichen Klinikaufenthalten, doch die Ähnlichkeit seiner und seines Sohnes Beschwerden führen zu keinem besseren gegenseitigen Verständnis. Johannes erkennt zwar, dass Hermann aus ganz ähnlichen Gründen (Überforderung, leichte Reizbarkeit) an Schlaflosigkeit und Migräne leidet, aber sein eigenes Lebensziel, seinen Eigenwillen zu unterdrücken und sich ganz und gar einem höheren, religiösen Ideal zu widmen, gibt für ihn den Maßstab für die Erwartungen, die er dem Sohn gegenüber hegt, während Hermann die Nervenattacken seines Vaters als verdeckte Schuldzuweisung empfindet, um ihn zu disziplinieren. Ist so Hermanns Nervenschwäche, die Depressionen auslöst, vornehmlich sein väterliches Erbteil samt Augen- und Schlafproblemen, verbindet ihn mit der Mutter sein leidenschaftliches Temperament, seine Willensstärke und seine Unberechenbarkeit.

Johannes Hesse

Spiel- und Standbein

Der Aufzug mit der Botanisierbüchse im Studio des Photographen hat nicht viel zu bedeuten und gehört zu den zeitgenössischen Imaginationen von Kindheit als Frühstadium des Erwachsenseins. Der kleine Hermann zeigt aber unbeabsichtigt durch Haltung und Mimik, wie es um ihn bestellt ist: Den rechten Fuß vorgesetzt scheint er zwischen der Vorwärtsbewegung und dem sichernden Stillstand zu schwanken. Der Kopf ist ganz leicht in die Bewegungsrichtung geneigt, und die Mimik lässt ein Zusammenspiel von Willensstärke und Melancholie erkennen, das beginnt, sich in Skepsis über die Sinnhaftigkeit der Situation zu lösen. Der fast traurige Blick ist aber hell und fest und in einer kräftigen Selbstschätzung gegründet.

Hermann Hesse als Dreijähriger mit einer Botanisierbüchse, 1880

Verweigerte Anerkennung und schmerzhafte Distanz

1899 ist Hesse 22 Jahre alt; er hat eine Buchhändlerlehre in Tübingen (1895–1898) abgeschlossen und steht finanziell auf eigenen Beinen, was ihm ermöglicht, noch im selben Jahr nach Basel zu ziehen, um sich dort, der weitreichenden Familienaufsicht entrückt, weiter auf seine eigentliche Berufung, die Dichterexistenz, vorzubereiten. Seit dem Maulbronner Zusammenbruch lebt er auf dieses Ziel hin, denn er weiß, dass er durch sein Verhalten eine akademische Karriere unmöglich gemacht hat, und auch, um vor sich selbst zu bestehen, verfolgt er diesen ohnehin tief sitzenden Lebenswunsch. Alles, was er seit 1893 unternimmt, ist Vorbereitung und Etappe auf dem Weg zu diesem ‚heiligen' Ziel seiner Identitätssuche. Sein Vater Johannes wählt mit 16 Jahren in einer vergleichbaren Situation den Weg der Selbstauslöschung im missionarischen Dienst als Lösung seiner Identitätsprobleme – um ihm darin zu folgen, hat Hermann zu viel von der Lebensenergie der Mutter geerbt. Er will sich nicht aufgeben und schon gar nicht unterordnen, er will ein erfolgreicher Autor werden, und er glaubt noch, dass er auch die Eltern davon überzeugen kann – eine fatale Fehleinschätzung.

In der Zeit seiner Jugendkrise erscheint Hesse der Vater als dogmatisch-pietistischer Antagonist, während er seine positiven Gefühle für die Mutter weitgehend unproblematisch aufrechterhalten kann. Seit Beginn seiner Buchhändlerlehre in Tübingen 1895 und seinen autodidaktischen literaturhistorischen Studien vermehren sich seine eigenen lyrischen Produktionen, die er teilweise der Mutter und dem Vater widmet, welche sie anfangs auch positiv aufnehmen. Ende 1898 erscheint dann seine erste Gedichtsammlung *Romantische Lieder*, und der Dichter unterwirft sich noch der moralisierenden Einwände der Mutter, wenngleich mit spürbarer Reserve, während die scharfe Kritik der Mutter anlässlich seiner ersten Prosaveröffentlichung *Eine Stunde hinter Mitternacht* (Juli 1899) seine Enttäuschung und seinen Zorn hervorrufen: Jetzt erst merkt er, wie stark der Einfluss seiner Mutter auf ihn ist. Er empfindet die Desillusionierung umso stärker, als er sich immer um ihre Anerkennung bemüht hat, die sie ihm jetzt und auch in Zukunft nicht zu geben willens ist, wenn es sich um den dichterischen Ausdruck gerade der Dinge handelt, die ihn als Mensch und Autor kennzeichnen. Der Bruch von 1899 ist die entscheidende Wende und die nicht mehr gut zu machende Abwendung von der Mutter, die ihm schwere Probleme macht, die er aber auch zutreffend und klarsichtig als Probierstein seiner Existenz als Dichter betrachtet.

Das Bild ist ein Ausschnitt aus einem Porträtphoto der gesamten Familie, auf dem die Mutter drei Jahre vor ihrem Tod mit fest geschlossenen Lippen skeptisch und ernst direkt in die Kamera blickt, während ihr Sohn Hermann an ihr vorbei in die entgegengesetzte Richtung schaut: Hesse wendet sich nicht der Mutter zu, die ihrerseits ihren Sohn ignoriert. Tatsächlich aber hält er bei allem Aneinandervorbeisehen ihre

Hesse mit seiner Mutter, 1899

Hand – auf eine ungewöhnliche Art und Weise. Marie Hesse hat ihre linke Hand auf dem rechten Knie ihres Sohnes abgelegt, der ihre Fingerspitzen mit denen seiner linken Hand ganz leicht hält, während sein rechter Arm, der natürlicherweise die Hand der Mutter halten sollte, wie tot unsichtbar an seinem Oberkörper herunterhängt. Es ist eine kurz vor dem Scheitern stehende konventionelle Geste einer Verbundenheit, deren Innigkeit nicht mehr besteht, weil sie nicht mehr bestehen kann. Die Eltern verweigern ihm die Anerkennung seiner künstlerischen Identität, weil Kunst nur Ausdruck der Gottesverehrung sein darf – auch wenn sie Repräsentation des Selbst ist, denn der Mensch gehört Gott allein. Hesse bleibt seiner Mutter bis zu ihrem Tod eng verbunden, zu ihrer Beerdigung aber kommt er nicht mehr.

Erste Resonanzräume

Während seiner Buchhändlerlehre bei Heckenhauer von Oktober 1895 bis September 1898 und der anschließenden Tätigkeit als Gehilfe hält sich Hesse weitgehend vom studentischen Leben fern; er etabliert aber ein Netz von Bekanntschaften, die eine wichtige Funktion bei seiner Identitätsarbeit übernehmen: Ähnlich wie der alte Schulfreund Theodor Rümelin und Helene Voigt[-Diederichs] sind die Tübinger Freunde Instanzen der Anerkennung, Bestätigung und der resonierenden Diskussion eigener und fremder Werke. Im April 1898 bildet sich der lose *petit cénacle* mit den Jurastudenten Oskar Rupp, Carl Hammelehle und vor allem mit Ludwig Finckh, mit dem Hesse sein Leben lang in Verbindung bleibt. Finckh ist der Einzige neben Hesse, der eine literarische Karriere, hauptsächlich als Heimatschriftsteller, verfolgt, und er ist dem Autor später auch durch den benachbarten Wohnsitz am Bodensee und durch familiäre Kontakte eng verbunden. Mit Finckhs überzeugtem Engagement für den Nationalsozialismus endet jedoch die Vertraulichkeit; Hesses Briefe an Finckh lassen keinen Zweifel an seiner scharfen und von Anfang an entschiedenen Ablehnung Hitlers, trotz aller Überzeugungsversuche des Freundes, der sich auch nach 1945 innerlich nicht wirklich vom Nationalsozialismus lösen kann und will.

In den Tübinger und den Gaienhofener Jahren ist Finckh allerdings ein enger Vertrauter und Unterstützer des Autors, der von der Anerkennung und Bestätigung der Freunde profitiert, die den zur Isolation neigenden Hesse in allerlei soziale Aktivitäten verwickeln, die ansonsten unterblieben wären.

Hermann Hesse und sein Freundeskreis (v.l. O. E. Faber, L. Finckh, Hesse, C. Hammelehle u. O. Rupp) in Tübingen, 1899

Hesse 1899

Hesse in Tübingen 1898

Bewältigte Enttäuschung I

Zu den Unternehmungen des *petit cénacle* gehören neben den Treffen im kleinen Kreis mit Vorlesungen und Diskussionen auch kleinere und größere Ausflüge in die schwäbische Heimat, so auch eine Reise im Sommer 1899 nach Kirchheim u. T. mit Otto Faber, Oskar Rupp, Carl Hammelehle, Ludwig Finckh und Hermann Hesse. Die zwanglose Zusammenkunft der Freunde hat ihren Mittelpunkt im Gasthaus zur Krone, in dem die attraktive und freundliche Julie Hellmann, die Cousine des Kronenwirts, als Kellnerin arbeitet. Sie bezaubert mit ihrer offenen und arglosen Art fast alle Mitglieder des „kleinen Kreises", so auch Hesse, der allerdings nicht ihr Herz gewinnen kann. Julie Hellmann, an die er noch über ein Jahr Liebesbriefe schreibt und die als „Lulu" in Gedichten und im „Hermann Lauscher" erscheint, ist eher Otto Faber zugetan. Hesses Verliebtheit belegt jedoch einen Gesundungsprozess nach seiner großen Adoleszenzkrise, denn es gelingt ihm, die Nichtbeachtung durch Julie nicht zu einer tiefen Kränkung werden zu lassen, sondern sie auch künstlerisch zu bewältigen.

Julie Hellmann (1878–1972), Hesses ‚Lulu', in Kirchheim/Teck, 1899

Endlich jemand

Helene Voigt schreibt erstmals im November 1897 einen „Fan"-Brief an den zwei Jahre Jüngeren, der den Beginn einer jahrzehntelangen Brieffreundschaft markiert, die für Hesse am Anfang seiner Karriere eine wichtige Funktion einnimmt. Voigts Brief ist das erste überzeugende Dokument einer ihm unbekannten Person, die ihn in seiner Identität als Dichter anerkennt und darüber hinaus ein resonierendes Ein-Verständnis der Leserin bezeugt. Helene Voigt ist dabei nicht nur selbst als Autorin aktiv und erfolgreich, sie hat auch die Bewunderung für viele der heute teils vergessenen Lyriker und Erzähler der Zeit mit Hesse gemeinsam. Damit gibt sie dem jungen Autorkollegen eine wichtige Bestätigung seiner hart erkämpften Lebensweise zu einer Zeit, als diese Unterstützung besonders nötig ist: Ihre verständnisvolle Bekräftigung ist die Antwort, die ihm seine Eltern verweigern.

Helene Voigt heiratet bereits im Juni 1898 den Verleger Eugen Diedrichs, bei dem dann Hesses zweite Buchveröffentlichung, *Eine Stunde hinter Mitternacht*, noch im gleichen Jahr erscheint. Obgleich sich die persönliche Zusammenarbeit zwischen dem Autor und Diederichs positiv entwickelt, er schreibt zu Publikationen des Verlags anerkennende Rezensionen, gibt es wegen des schleppenden Absatzes des ersten Buchs keine weiteren Veröffentlichungen Hesses bei Diederichs.

Helene Voigt (1875–1961), ca. 1898

Bewältigte Enttäuschung II

Nach seiner Übersiedlung nach Basel trifft Hesse Ende Januar 1900 die Pfarrerstochter Elisabeth La Roche, die er als Sechsjähriger bereits bei einem Besuch in ihrem Elternhaus kennengelernt hat, bei der von ihm gern besuchten Familie Wackernagel. Elisabeth ist eine begabte Musikerin, wie später auch Hesses erste Frau Maria Bernoulli; Elisabeth bemerkt allerdings nichts von der Verliebtheit ihres Verehrers, weil sie selbst in ihren musikalischen Partner, den Geiger Carl Christoph Bernoulli, verliebt ist. Hesse trifft sie bei mehreren Gelegenheiten, findet aber niemals ein Wort für sie, obgleich sie ähnliche Interessen und Vorlieben zu haben scheinen, wohl auch weil er Elisabeths unglückliche Verliebtheit in einen anderen bemerkt. Ohne dass die beiden jemals engeren Kontakt miteinander gehabt hätten, wird sie dennoch zu einer wichtigen Figur in Hesses früher emotionaler und künstlerischer Welt, denn anders als Julie Hellmann und seine adoleszenten heftigen Zuneigungen der Gymnasiastenzeit ist Elisabeth La Roche nicht der Typ der naiv-schönen Gretchen- oder Friederike-Liebe des jungen Goethe, sondern eher eine Mischung aus Lotte und Lili, die in ihrer persönlichen und künstlerischen Gestimmtheit für den jungen Dichter das Versprechen von Anerkennung und Resonanz repräsentiert. Gleichzeitig aber ist sie von dem Nimbus der Unerreichbarkeit begleitet, der sie einer Profanisierung entrückt und so zu einem Objekt der literarischen Darstellung werden lässt, wie auch die genannten Goethe-Lieben.

An der breiten Verarbeitung des Eindrucks, den seine unerwiderte Liebe in ihm erweckt, kann man die Fortschritte ermessen, die Hesse in den letzten fünf Jahren gemacht hat – und die er noch machen muss. Seine lyrischen Elisabeth-Zyklen vom Mai/Juni 1900 und 1903 wie auch seine sechs nicht abgesendeten Briefe an sie, die mehr Dichtung als wirkliche Briefe sind, dokumentieren sein ernsthaftes Interesse und seine gewachsene Fähigkeit, aus Enttäuschungen Kunst zu machen. Dennoch bleibt dieser Stachel noch lange sitzen: Gerade nach dem großen Erfolg des *Peter Camenzind* und der erfolgreichen Bewältigung seines psychischen Zusammenbruchs in Maulbronn steht die Verarbeitung der Liebesenttäuschung an, die aber auch im dritten Anlauf des Romans *Gertrud* nicht gelingen will. Auch hier, wie schon in der Erzählung *Der Dichter – Ein Buch der Sehnsucht*, steht Elisabeth als Figuration der verpassten und unerreichbaren Anerkennung und der ersehnten persönlichen Resonanz im Zentrum von Hesses Werk, das sich immer wieder auf die eigenen schweren Lebenskonflikte bezieht.

Elisabeth La Roche heiratet nicht, und nach Hesses Tod schreibt auch sie einen nicht abgesendeten Brief voller Anerkennung und resonierenden Verständnisses, der Hesse sicher gefallen hätte, auch weil er zeigt, dass er sich in ihr nicht getäuscht hat. Geliebt hätte sie ihn aber wohl auch unter anderen Umständen nicht.

Elisabeth La Roche (1876–1965)

Idylle und Täuschung

Die Ehe als ideale Konstruktion

Die Beziehung zu der Basler Bürgertochter Maria Bernoulli, die mit ihrer Schwester ein Photostudio betreibt, steht anfänglich unter keinem guten Stern: Maria, die er erst seit kurzem kennt, lädt ihn zu einer gemeinsamen Italienreise mit ihrer Freundin, der Malerin Maria Gundrum, die nach Italien übersiedeln will, ein. Hesse zögert bis zur letzten Minute und fährt dann überstürzt mit. Er versteht sich gut mit der neun Jahre älteren Frau, deren Ähnlichkeit im Aussehen und Temperament mit der Mutter unübersehbar ist; eine erotisch getönte Verliebtheit existiert zwischen den beiden allerdings nicht und wird sich auch später nicht einstellen. Hesses Interesse gründet 1903 eher in dem Wunsch, Italien, das er erstmals als Alleinreisender 1901 kennengelernt hat, wieder einmal zu besuchen. Seine Verbindung zu Maria Bernoulli aber entsteht durch ihre überzeugenden persönlichen Qualitäten, die ihn beeindrucken. Sie ist eine naturverbundene, lebhafte, spontane, aber auch ernsthafte Person, die eine enge Verbindung zu Literatur und Kunst pflegt und zudem vorzüglich Klavier spielt. Aber es ist nicht nur ihr deutlicher Abstand zu der populären Oberflächlichkeit der üblichen jungen Leute wie auch zu den gezierten Prätentionen der Kunstliebhaber und ‚Intellektuellen', der ihn anzieht, sondern vor allem ihre tiefe persönliche Loyalität, die die erste Konsequenz ihres ernsten Wesens ist.

Maria erweist sich als eine zupackend-praktische Organisatorin des gemeinsamen Lebens, das die jungen Eheleute 1904 in dem kleinen Bodensee-Nest Gaienhofen im Stil der lebensreformerischen Ideale von Einfachheit und Natürlichkeit beginnen. Sie schafft immer wieder den Rahmen und die Voraussetzungen, die für Hesse nötig sind, um arbeiten zu können. Auch er schultert seinen Teil des Haushalts: Einkäufe, Baumängel, Garten und vieles andere sind sein Revier; zunächst aber muss ein Lebensrahmen da sein, den er dann auszufüllen hilft.

Das Porträt von 1903 zeigt so auch eine sympathische, nicht mehr ganz junge Frau in konventioneller Porträthaltung und zeittypischer Kleidung, das volle, dunkle Haar hochgesteckt mit dem geforderten Photo-Lächeln, das die ernsten Gesichtszüge etwas überspielen soll.

Maria Bernoulli (1868–1963), um 1903

Künstlerische Haltung

Das spätere Bild zeigt sie dagegen in einer markant veränderten Rolle und in einer Pose, die durch Kleidung und Haltung überrascht: Statt der stereotypischen Bürgerlichkeit drückt ihr mehr als bodenlanges Samtkleid einerseits Befreiung von den festgezurrten Gesellschaftsnormen aus wie auch andererseits eine bewusste Nähe zum Künstlerischen und Wesentlichen, ein Begriff, der gerade seine Karriere in den gesellschaftlichen Diskursen beginnt. Die pittoreske Neigung des Kopfes, das geöffnete Buch und vor allem die Spiegelung durch das kleine Gemälde auf Kopfhöhe lassen erkennen, dass das Photo als malerische Bildkomposition entworfen wurde. Maria Hesse nimmt auf diesem Bild fast schon Züge des Dekadenten an, ein Phänomen, das zur gleichen Zeit viele Werke des jungen Thomas Mann inspiriert, das Ehepaar aber nur entfernt tangiert.

Hesses Neigung zu Maria Bernoulli rührt von der Italienreise her, die für ihn in anderer Hinsicht nicht befriedigend war; von Maria spricht er bereits kurz nach der Rückkehr als seinem „Schatz" und präsentiert sie auch überraschend schnell der Familie in Calw. Was ihn an Maria fesselt, ist aber noch etwas anderes: Sie kann ihm das geben, was Elisabeth La Roche ihm nicht geben konnte – Anerkennung und authentische Liebe. Maria ist und bleibt in der Beziehung die Werbende, die sich immer wieder um Hesses Befinden sorgt und intensiv an dem Fortbestand der Beziehung arbeitet, indem sie die überwiegend negativ eingestellten Familienmitglieder nach und nach auf ihre Seite zieht, denn für sie gibt es, anders als für Hesse, nur die baldige Ehe als Ziel. Ihre Bemühungen führen bei Hesse allerdings schnell zu Ängsten, vereinnahmt zu werden, und er zieht sich zurück, vermeidet Treffen und Briefe, sodass Maria ihm hinterherreisen muss, um ihn zu sehen. Schließlich gesteht Hesse ihr, dass er seine künstlerische und persönliche Freiheit bedroht sieht, und Maria – gibt ihn selbstlos frei. Diese Wendung ist wohl der entscheidende Moment, um den zögerlichen Liebenden zum Einvernehmen zu bringen, denn er erfährt von Maria alles, was er sich von einer wesenhaften Beziehung wünschen kann. Sie liebt ihn als denjenigen, der er ist, als Künstler und Dichter, sie ist ihm in charakterlicher und intellektueller Hinsicht gleichwertig, sie teilen wichtige Werte und Überzeugungen, und sie will ihn wirklich als Mann. Maria Hesse gewährt ihm als Frau und gleichberechtigte Partnerin endlich das, was ihm immer gefehlt hat: Anerkennung und Resonanz im liebenden Entgegenkommen.

Erste Risse im Lebensbau

Hesse hat später angedeutet, dass bei der Gaienhofener Idealkonstruktion eines naturnahen und gesellschaftsfernen Lebens wahrscheinlich seine Frau Maria die führende und entscheidende Kraft war, während er den eher passiv-einwilligenden Teil darstellte. Tatsächlich teilen die beiden Eheleute viele Überzeugungen, oder zumindest scheint es so, denn Hesse fällt es von Beginn an schwer, den eigenen Idealen nachzuleben, und die abgeschiedene Existenz befriedigt ihn nach dem ersten Winter immer weniger. Erste Zeichen machen deutlich, dass auch Maria physisch und psychisch nicht gleichbleibend stabil ist und längere Zeit zurück nach Basel muss, um eine Krankheit auszukurieren. Hesse selbst klagt über Augenschwäche und allgemein angegriffene Nerven, Depressionen; und so beginnt eine auffällige Reihe von Fluchtversuchen in Kliniken, zu Ausflügen und Reisen, manches beruflich bedingt, vieles aber durch seine häusliche Unruhe motiviert. Maria übernimmt in seiner Abwesenheit nicht nur den ganzen Haushalt, sondern agiert auch als seine Literaturmanagerin, empfängt Gäste und versorgt zudem den kleinen Bruno. In manchen Jahren ist Hesse bis zu fünf Monate von zuhause getrennt.

Das Photo von Hesse und seiner Frau zeigt diese Gegenläufigkeit ganz unbeabsichtigt, denn der Gegensatz von seiner bürgerlich-städtischen Erscheinung mit Anzug und Hut und ihrer eher bäuerlichen Alltagskleidung ist zufällig; Hesse schätzt bequeme Alltagskleidung ebenso wie Maria. Wie schon bei dem Familienphoto mit seiner Mutter lässt die Blickregie und die Mimik viel deutlicher die Lage erkennen: Maria blickt ernst-bedenklich von der Kamera weg nach unten, während Hesse in Richtung auf die Kamera blickt. Dabei ist sein Gesichtsausdruck neutraler und offener als derjenige seiner Frau, deren Mimik eine nach Innen gewendete Kontemplation ausdrückt. Es sieht so aus, als ob Hesses Kopf an Marias Schulter lehnt, tatsächlich aber hat er seinen eigenen Kopf, der die Geste der intimen Zweisamkeit aufhebt.

Zu den lebensreformerischen Grundsätzen, denen zur gleichen Zeit auch der junge Kafka folgt, der in manchen Details dem fünf Jahre älteren Hesse ähnelt, gehört auch das Nacktbaden- und sonnen, wofür die folgenden Bilder Zeugnis ablegen. Ganz sicher kann er der Nacktexistenz am Bodensee nur an geschützten Stellen fröhnen, die Kletterpartie, wahrscheinlich nur für die Kamera gestellt, findet schon während eines Ausflugs nach Amden am Walensee statt. Hesse ist wie Robert Walser ein Wanderer, aber anders als Hans Morgenthaler, sein späterer Schweizer Schriftstellerfreund, und viele andere kein Kletterer und Bergsteiger. Paradoxerweise passen seine lebensreformerischen Überzeugungen, die ihn in dieser Zeit tatsächlich auch auf den berühmten Monte Verità bringen, eher zu Anzug und Hut als zur Bauerntracht. Jahrzehnte später erkennt er, dass ihn nichts mit dem bäuerlichen Umfeld

Hesse und seine Frau am Bodensee

verbindet; die Natur ist und bleibt ihm von überragender Bedeutung als ein bereitstehender Ruhe- und Erfahrungsraum, wirklich in und mit ihr auf Gedeih und Verderb zu leben, kann allerdings nicht die Lösung seiner Probleme sein.

Das junge Ehepaar merkt, dass es als Familie tief in Problemen steckt, und versucht, sich daraus zu befreien, indem es mit finanzieller Hilfe von Marias Vater 1907 ein neues, eigenes Haus baut – es soll die Bequemlichkeit mehren, die vernachlässigte Bürgerlichkeit der Umwelt gegenüber dokumentieren und für mehr Identifikation sorgen. Aber gleich nach dem Einzug gibt es praktische Probleme mit dem Ofen und der Senkgrube, und Hesse flieht umgehend nach München; das Haus am Erlenloh, schön und repräsentativ, ist eine Fehlinvestition, die sich auch in den folgenden Jahren nicht rechnet – 1912 brechen sie das Experiment ab und ziehen nach Bern in das ehemalige Haus des befreundeten Malers Albert Welti.

Hesse beim Nacktklettern in Amden am Walensee, 1910

Hermann Hesse mit seinem Sohn Bruno am Bodensee, 1906/1907

Hermann Hesse im Atelier des Freundes und Malers Fritz Widmann, 1910

Fluchten und Freunde

Hesses kleine und größere Fluchtversuche führen ihn nicht selten nach München, wo die Redaktionen der beiden Zeitschriften, an denen er regelmäßig mitarbeitet, angesiedelt sind, des satirischen *Simplicissimus* und der nach und nach immer politischer werdenden Kulturzeitschrift *März*. Beide verstehen sich dezidiert als süddeutsche und anti-preußische Publikationen, was dem jungen Autor, der sich geistig als Weltbürger und geographisch als Alemanne fühlt, sehr entgegenkommt. Seine Klinikaufenthalte finden in Klosters, Locarno, auf dem Monte Verità und mehrfach in Badenweiler statt; individuelle Reisen bringen ihn schließlich nach Wien, Bern, Korntal, Frankfurt, Zell, Sils Maria, Graubünden und für längere Zeit nach Italien und nach Sri Lanka (Hinterindien). Bei diesen Reisen erweitert er seinen Bekanntenkreis, der zu Beginn der Gaienhofener Jahre noch recht beschränkt war, in erheblichem Maße vor allem um Musiker, Komponisten und Maler. Einer der Maler ist der durch Kinderlähmung etwas beeinträchtigte Fritz Widmann, ein Sohn des bekannten Schriftstellers und Journalisten Joseph Viktor Widmann, der Hesses Frühwerk gut kennt und sehr positiv rezensiert hat. Mit Fritz Widmann verbindet Hesse eine der persönlichsten und erfreulichsten Freundschaften seines Lebens, denn sie teilen viele Anschauungen und Vorlieben, auch wenn der Freund konservativer ist und später bei den teils scharfen Kurven in der Entwicklung Hesses etwas zurückhaltend bleibt. Widmann ist mit der ausgebildeten Malerin Gret Widmann verheiratet, die sich aber der Photographie, deren Handwerk sie, wie auch Maria Bernoulli, in Berlin erlernt, widmet und der wir viele der ausdrucksstärksten Bilder des Dichters verdanken. Sie photographiert ihn dreimal (1910, 1926 und 1929) in mehreren Sequenzen und schafft damit ein Korpus an Bildern, das nur von den Photographien seines Sohnes Martin übertroffen wird.

Das vorliegende Photo zeigt Hesse im Maleratelier von Fritz Widmann, der im Hintergrund Wein nachschenkt; der Autor blickt ernst, zurückgenommen, aber auch etwas neugierig in die Kamera. Er ist, von zufälligen Schnappschüssen abgesehen, noch nicht an die Porträtphotographie gewöhnt, und seine Skepsis und Ablehnung dem relativ neuen Medium gegenüber verliert sich unter dem Einfluss der professionellen Photographin Maria, mit der er verheiratet ist, erst langsam. Die Atelierszene ist deshalb bemerkenswert, weil sie den 33-Jährigen in einer relativ entspannten und trotz Anzug und Pin-Kragen natürlichen Pose zeigt. Mit dem Neuanfang und dem Versuch einer Schriftstellerexistenz wechselt Hesse charakteristische Details seiner Kleidung: Der Anzug wird qualitativ verbessert, und er legt die unmodern gewordenen ‚Vatermörder'-Kragen zugunsten eines Tab-Kragens oder eines Vario-Kragens, den er offen tragen kann, ab. Der Tab hält die beiden Kragenflügel fest zusammen und verhindert, dass die Krawatte oder die Fliege, die Hesse in dieser Zeit bevorzugt trägt, verrutschen kann. Der starre Eindruck, der dadurch entsteht, ist modisch erwünscht; er entspricht der Formalität des traditionellen ‚Vatermörders'.

Für die Öffentlichkeit

Das Porträt aus einem Literaturkalender präsentiert den Autor wie hinter Glas: Die angestrengt neutrale Haltung, die möglichst nichts Persönliches und Charakteristisches verraten will, zeigt nichts von den wachsenden Lebensproblemen, denen der Porträtierte sich ausgesetzt fühlt. Es soll, wenn nicht gerade abweisend, so doch abwehrend sein – das Interesse des Publikums an seiner privaten Existenz ist und bleibt Hesse bis an sein Lebensende fremd und lästig. Es wird sich zeigen, dass er damit recht behält, denn zumeist ist dieses Interesse für ihn belastend und verstörend, oftmals ist es bis zum Lebensbedrohlichen feindlich und bösartig. Er ahnt aber wohl auch schon früh, dass seine Sehnsucht nach Anerkennung und Resonanz das Begehren des Publikums, Persönliches über ihn zu erfahren, herausfordert.

Hesse-Porträt aus Kürschners Literaturkalender, um 1910

Hesse-Porträt, 1910

Porträt des Autors als nicht mehr ganz junger Mann

Hesses Versuche, den Anforderungen der Familie gerecht zu werden und Kunst und Leben miteinander zu versöhnen, sind nur bedingt und kurzfristig erfolgreich: Um seine Kreativität zu erhalten und schreiben zu können, muss er regelmäßig Lebensumstände außerhalb der Familie aufsuchen. Das Krisenhafte seiner Existenz gründet dabei allerdings nicht nur in der Problematik der ‚Künstlerehe', wie er sich und die Familie glauben machen möchte, sondern stammt bereits aus der Zeit vor der Eheschließung. Die Mutter, die ihm die Anerkennung seiner künstlerischen Lebensexistenz verweigert hatte, ist kurz zuvor verstorben; an ihre Stelle ist die entgegenkommende Anerkennung und liebende Resonanz Marias getreten, die damit eine Situation erschafft, an die beide wohl nicht gedacht haben, denn sie ermöglicht Hesse, ein umfangreiches Programm der literarischen Bewältigung persönlicher Lebenskrisen zu beginnen. Die Verbindung mit Maria Bernoulli steht aber auch für etwas ganz anderes, einen umfassenden Neuanfang in jeder Hinsicht. Darauf ist der Autor allerdings nicht vorbereitet und auch nur bedingt bereit; nach seiner Lebensperspektive muss er zunächst die liegengebliebenen Probleme literarisch bewältigen, bevor er sich kompromisslos auf etwas Neues einlassen kann. Das jugendliche Zentraltrauma des Maulbronner Scheiterns brennt ihm noch immer auf den Nägeln, und so ist *Unterm Rad* die erste Frucht der Calwer Rückkehr, es gibt jedoch aus der Kinder- und Jugendzeit noch mehr zu verarbeiten, was sich im Laufe der Zeit dann als ‚Gerbersauer' Erzählungen niederschlagen wird. Die naive Verliebtheit in Julie Hellman, der ‚Lulu', ist bereits erledigt, aber es zeigt sich vor allem in den ersten Gaienhofer Jahren, dass die unmögliche Verbindung mit Elisabeth La Roche ihm noch immer schwer zu schaffen macht. Er ahnt, dass man keine Ehe und Familie erfolgreich leben kann, wenn eine gekränkte Leidenschaft zu einer anderen Frau die Gedanken und Gefühle beschäftigt, aber Hesses reale Lebenswelt verlangt künstlerisch wie menschlich einen entschlossenen Blick nach vorne, tatsächlich fühlt er sich durch die Familiensituation in beiderlei Hinsicht behindert und bedrängt, sodass sein Programm der Bewältigung von Lebenskrisen durch literarische Bewältigung auf der Grundlage einer sicheren Existenz in Anerkennung und positiver Resonanz nicht mehr zu funktionieren scheint. Maria sieht und fühlt die Probleme, versteht jedoch nicht die auch Hesse verdeckt bleibende Dynamik von künstlerischen und persönlichen Strebungen, und langsam verzweifelt auch sie, denn alle ihre kräftezehrenden Anstrengungen, ihrem Mann eine fördernde Umwelt zu schaffen, erreichen das gerade Gegenteil. Mit dem Umzug in die Schweizer Hauptstadt wird es für Hesse dann leichter zu fliehen, seine Fluchten werden allerdings erst weniger, als der Erste Weltkrieg ausbricht und auch im Hause Hesse für eine grundsätzlich neue, wenngleich nicht bessere Situation sorgt.

Hesse-Porträts, 1910

Neue Haltungen

Die Porträtaufnahmen Gret Widmanns aus dem Jahre 1910 zeigen nun eine bislang völlig unbeobachtete Seite des Autors, der seine Bemühungen um „Gertrud“ gerade beendet hat. Tab-Kragen, Anzug, Fliege und Uhrkette sind die Zeichen, die die erfolgreiche Bürgerlichkeit und Weltläufigkeit des Autors repräsentieren sollen. Genießerisch lächelnd, die rechte Hand, als Sitzgeste ungewöhnlich, in der Hosentasche, Macht und Lässigkeit demonstrierend, hält er im Profil seine Zigarre. Wäre er Berliner, würde das Bild sagen: „Mir kann keener!“ Auch die ‚Weinkennerpose‘ stellt Lebenskunst und ein weltmännisches Flair aus, das es bei ihm nur teilweise gibt: Hesse trinkt und raucht gerne, doch seine Anzugexistenz ist und bleibt etwas Angelerntes. Diese Bilder sind Wunschprojektionen in konventionelle Porträtposen gegossen, sie zeigen vornehmlich dem Porträtierten selbst und seiner unmittelbaren Umgebung, wie er gesehen werden möchte. Am eindrucksvollsten geschieht das in der herrischen und überlegenen Haltung aufrecht neben dem Stuhl stehend, mit zurückgelegtem Kopf: Hier steht ein Mann, dem die Dinge zur Verfügung stehen und der seine persönliche Welt souverän dominiert. Nichts davon ist wahr. Seine Existenz ist so belastend, dass er im Jahr darauf neben seinen üblichen Abwesenheiten eine längere Italienreise unternimmt und schließlich nach Indien reist. Nichts davon hilft ihm aus seiner Depression, am Ende entscheidet er sich dazu, sein Familiendrama zum Thema seines dritten Romans *Roßhalde* zu machen.

Die Alternative

Obgleich Maria Bernoulli professionelle Photographin ist, gibt es vergleichsweise wenige Bilder von ihr; sicher ist manches bei dem verheerenden Brand ihres Hauses im Tessin Jahrzehnte später verlorengegangen, allerdings hatte sie bei der reichlichen Hausarbeit oft weder Gelegenheit noch Lust auf zusätzliche Arbeit mit einer Kamera.

Hesse hat lange Zeit einen kurz getrimmten Schnurrbart getragen, den er etwa in der Zeit der Übersiedlung in das Tessin ablegt; einen Vollbart trägt er nur versuchsweise für kurze Zeit in Gaienhofen, zu einer Zeit, als schwere Lebens- und Kunstprobleme seine Existenz verdunkeln. Es sind Aufnahmen, die etwa ein bis zwei Jahre vor Gret Widmanns Porträtsequenz seiner ausgestellten Bürgerlichkeit entstehen, und sie zeigen den eigentlichen Hesse mit offenem, weiten und weichen Kragen und bequemer Haus- und Arbeitsjoppe. Der Dichter erscheint zwar einerseits vor der unvermeidlichen Bücherwand mit den repräsentativen Gesamtausgaben, andererseits aber auch als etwas grüblerisch und nachdenkend, den Blick wie so oft von der Kamera abwendend. Es sind nicht gerade Posen einer alternativen Lebensweise, die hier ausgestellt werden, dazu sind die Aufnahmen zu spontan und direkt in den Alltag eingebettet, aber sie zeigen das Interieur der geplanten und mittlerweile gefährdeten ehelichen Lebensform: einfach, bequem und ernsthaft, kein konventioneller Schein und Flitter, kein steifer Kragen und keine Fliege. Das Problem ist nur, dass Hesse in dieser Rolle nicht zu Hause ist, sie ist ihm bei aller ideologischen Sympathie zu einschränkend. Bald wird er merken, dass die im Bürgertum geforderte Anzugexistenz nicht besser ist – er kann ihr in der Öffentlichkeit allerdings schlecht entkommen.

Hesse 1908 in Gaienhofen, photographiert von seiner Frau Maria

Hesse um 1909, von seiner Frau Maria aufgenommen

Maria Hesse mit ihrem Sohn Martin, 1911

Fern von Geschäften

Maria Bernoulli ist 34 Jahre alt, als sie Hesse 1902 trifft und 36 im Jahr der Heirat; sie muss somit befürchten, als ‚alte Jungfer' zu gelten. Zwischen ihr und dem jüngeren Dichter ist die Altersdifferenz allerdings zunächst kein Problem, denn Hesse sieht in ihr die überzeugende und liebenswerte Persönlichkeit, die mehr als nur unterschwellig Ähnlichkeiten mit der Mutter besitzt. Für Maria ist das anders: Ihr ernsthafter und zeitweise auch nach innen gekehrter Charakter, ihre demonstrative Selbstständigkeit und ihr beharrlicher Eigensinn stehen den Erwartungen von Familie und Umwelt nicht selten entgegen. Sie weiß sehr genau, wer sie ist und was sie will, und dass mit der Zeit ihre Chancen auf dem Heiratsmarkt rapide schwinden werden; dabei sind ihre Gefühle für den erhofften Bräutigam ganz aufrichtig, weil beide anscheinend das Gleiche wollen – eine Familienexistenz im Verborgenen, ein einfaches, naturverbundenes in sich selbst ruhendes Leben mit Haus, Garten, Kindern. Hesse ahnt zwar schon früh, dass seine Zustimmung dazu auf falschen Annahmen beruht, aber er glaubt, die vorhersehbaren Schwierigkeiten meistern zu können. Maria Hesse sieht sich dabei innerhalb der Familienkonstruktion vornehmlich in der ganz traditionellen Rolle als Mutter und Organisatorin des Haushalts, beide Partner unterschätzen jedoch die Beanspruchung ihres Lebenszeitkontos durch die Betreuung vor allem kleiner Kinder. Insbesondere Hesse erfährt, dass er trotz seiner hingebenden und liebevollen Beziehung zu seinen drei Söhnen Bruno, Heiner und Martin schnell an Belastbarkeitsgrenzen stößt. Sein anfängliches Gefühl der Beengung in der Ehe wird durch die Geburt der Kinder noch verstärkt, und er gibt seinem Fluchtimpuls immer schneller nach; Hesse muss sich dabei an seinen Vater erinnert haben, der ebenfalls mit seinem Sohn Hermann deutlich überfordert war. Vor allem der später geborene Martin, der ein ‚schwieriges' Kind ist, bringt den Vater schnell an die Grenze seiner Leidensfähigkeit. Er muss bald erkennen, dass er an seinem jüngsten Sohn in den ersten Jahren schlimmer scheitert als sein Vater an ihm: ‚Er oder ich' heißt die dramatische Zuspitzung – das Kind muss zumindest zeitweise aus dem Haus. Maria ist dagegen während all dieser Turbulenzen ein verlässlicher Lebensanker, nur nicht für ihren Mann, den es immer öfter, immer länger aus dem Haus treibt.

Die Bilder zeigen etwas versteckt die beginnenden Zeichen dieser schwierigen Familiendynamik: Maria als zugewandte Mutter, Hesse dagegen in einer Vaterrolle, die er zu diesem Zeitpunkt noch nicht vollends ausfüllen kann und die er paradox auslegt. Neben dem liebevollen und zugewandten Vater erleben die Kinder auch den bürgerlichen Erzieher, der angepasstes Verhalten durchsetzen muss, wenn er in seiner dritten Rolle als Autor produktiv bleiben will. Diese Rollenvielfalt belastet aber alle Beteiligten, wie man an dem kontrollierten Trotz und der steifen Distanz Heiners, aber auch an der unbeteiligt-formalen oder lässig-gestellten Pose des Vaters unschwer erkennt.

Maria und Hermann Hesse im Garten des Berner Hauses mit dem Sohn Heiner, um 1914

Hermann Hesse mit seinem
Sohn Heiner, um 1914

Kein Ausweg

Die Übersiedlung nach Bern soll ein Neuanfang sein, der Versuch, das Leben in einer Schweizer Großstadt mit ihren kulturellen und gesellschaftlichen Angeboten als Heilmittel für die eigenen Probleme nutzen zu können. Wahrscheinlich wäre dieses Kalkül auch unter günstigeren Bedingungen nicht erfolgreich gewesen, konkret aber ist es der Ausbruch des Ersten Weltkriegs, der alle Pläne zum Scheitern bringt. Hesse ist deutscher Staatsbürger, meldet sich unter dem unmittelbaren Eindruck des Kriegsbeginns bei den deutschen Behörden und wird mehrfach zurückgestellt. Seine anfängliche Begeisterung kühlt sich bis zum Jahresende schnell ab, und er beginnt, später offiziell im Auftrag des deutschen Kriegsministeriums durch das Konsulat in der Schweiz, eine humanitäre Mission, die das mangelnde militärische Engagement ersetzen soll, indem er die vier Jahre dauernde Aufgabe übernimmt, deutsche Kriegsgefangene mit Literatur zu versorgen. Hesse engagiert sich zunächst für diese Aufgabe in Kooperation mit dem Roten Kreuz ganz unabhängig von der Militärverwaltung, die erst später Hesses Bemühungen offiziell zu ihrer eigenen Aufgabe macht und ihm so eine feste Stelle schafft.

Neben seinen politischen und journalistischen Arbeiten, deren kriegskritische Tendenzen schnell ins Kreuzfeuer der nationalistischen Presse, aber auch des breiten Publikums und der Hesse-Fans geraten, liegt seine kreative Arbeit mit wenigen Ausnahmen praktisch still: Die Arbeit für die Kriegsgefangenenfürsorge verschlingt fast alle seine Zeit, die er nicht wegen seiner psychischen und körperlichen Beschwerden in Kliniken oder bei Erholungsurlauben verbringt. Seine Ehe und das Familienleben sind schon seit 1911 merkbar in Auflösung begriffen, ohne dass er die Entschlusskraft für eine Scheidung aufbringen kann, und so ist die Arbeit für das Konsulat ein probates Mittel, hier keine Entscheidung zu forcieren. Gleichzeitig merkt er aber, dass er sich auch künstlerisch von den Schreibvoraussetzungen der frühen Gaienhofener Jahre distanzieren muss. Der *Demian* und seine politische Publizistik sind der vielleicht markanteste Ausdruck für diesen Paradigmenwechsel, der sich jedoch auch in weltanschaulicher Hinsicht deutlich macht, denn Hesse entwickelt sich zu einem linksliberalen Pazifisten. Der Autor weiß, dass seine zukünftige literarische Produktion in einer Nachkriegswelt bestehen muss, deren Lesepublikum nur noch in Teilen an die feinsinnigen kontemplativ-beschreibenden und psychologischen Tendenzen der Vorkriegszeit anknüpfen will. Dieser Prozess der Veränderung und Anpassung stürzt ihn aber auch in sich immer weiter verschärfende Krisen, bis er als ‚neuer' Autor auftreten kann. Am Ende trennt er sich von Maria, gibt die Kinder in Pflege und zieht für den Rest seines Lebens in das Tessin – allein und befreit.

Hesses Passbild, 1915

Hesse in der Zeit des Ersten Weltkriegs, 1916

Konzentration der Kräfte

Die Bilder aus der Kriegszeit zeigen deutlich die ausgehaltene innere Spannung des Dichters: Versammelt, ernst und konzentriert wirkt Hesse auf diesen Bildern. Grundsätzlich im bürgerlichen Anzug mit Krawatte dokumentieren die Porträts einen beschäftigten Mann, der mit wichtigen Aufgaben betraut ist; dabei nimmt er sich nicht wichtig, sondern erarbeitet sich eine zusätzliche Dimension des Bedeutsamen als Teil seiner Strategie von anpassender und kooperativer Resonanz – auch mit sich selbst als Vermittlung von erprobten und neuen Haltungen, Verfahren und Zielen. Allein schafft er das allerdings nicht, und so setzt sich die schon in Gaienhofen begonnene psychoanalytische Arbeit weiter fort, um die intensiven Krisen abzumildern und zu bewältigen. Seine körperliche Erscheinung neigt auch als Konsequenz der Behandlung bei J. B. Lang und J. Nohl zeitweise zum Asketisch-Ausgezehrten, und in diesen Jahren beginnen sich dann auch die physischen Krankheitssymptome zu vermehren. Der Weg aus der Berner Familiensituation in das Tessin ist schließlich eine Befreiung, aber mitnichten die Freiheit.

Hesse in St. Moritz, 1917

Hesse 1919 im Tessin

Wahn und Welt

Der Wanderer und sein Schatten

Hesses Umzug in die Casa Camuzzi oberhalb von Lugano ist von spektakulären Auflösungserscheinungen seiner Ehe begleitet, die für alle Beteiligten eine große Belastung darstellen, denn Maria, die sich mit Hesses Absicht, die Familie dauerhaft zu verlassen, nicht abfinden will, versucht alles, um ihren Ehemann zu halten. Sie begibt sich ebenfalls in psychoanalytische Behandlung, mit dem Resultat, dass sie wiederholt schwere psychotische Anfälle erleidet und Kliniken aufsuchen muss. An ihrer Hoffnung, ihre Familie zusammenhalten zu können, hält sie dennoch lange fest. Die Situation wird zusätzlich durch eine neue Beziehung Hesses zu der viel jüngeren Ruth Wenger aus gut situierter Familie kompliziert: Hesse trifft die attraktive und lebhafte junge Frau durch Freunde, und das fatale Muster von Missverständnissen, gegenseitigem Resonanzbegehren und Anerkennungserwartungen nimmt seinen Lauf. Hesse ist mit Anfang 40 erstmals in der Lage, seine Künstlerexistenz, die durch Ehe und Familie eingeschränkt zu sein schien, so zu leben, wie er es wünscht. Ruth sucht dagegen zuerst nach Hingabe, Bestätigung und Orientierung, aber auch nach einer Beziehung mit einem Partner, der öffentlich anerkannt ist. Hesse weiß, dass für ihn diese Ehe die falsche Entscheidung ist, willigt dann aber auf Druck von Ruths Eltern ein. Mit der Hochzeit ist dann in dieser Tragikomödie der Missverständnisse schon das Ende nah: Bereits seit Beginn der Beziehung ist klar, dass ein Zusammenleben unmöglich ist, und so trennt sich das Paar nach einigen unerfreulichen Eskapaden wieder. Hesses emotionale Bindung an Ruth Wenger ist dabei deutlich intensiver, als er es sich später eingestehen mag, und auch Ruth hat ernsthafte Interessen.

Hesse erweckt Anfang der 1920er Jahre den Anschein der Orientierungslosigkeit inmitten von Eindrücken und Einflüssen, die er nicht mehr kontrollieren kann. Er versucht, seine künstlerische und persönliche Befreiung zur Neukonzeption seiner Identität zu nutzen, was ihm in künstlerischer Hinsicht mit Schwierigkeiten und Unterbrechungen gelingt; seine persönliche Entwicklung hin zu einer dauerhaft ausgeglichenen, kreativen und resonanzoffenen Lebenssituation wird sich aber noch bis in die Dreißigerjahre hinauszögern – ganz erreichen wird er sie nie.

Die Bilder aus der Tessiner Frühzeit zeigen einen reifen Mann, der nicht nur klimabedingt auf Schlips und Anzug zugunsten eines *casual look* verzichtet, sondern mit der bürgerlichen Erscheinung auch den inneren Bürger abgelegt zu haben glaubt. Der weite Blick vom Balkon der neuen Wohnung verdeutlicht die ersehnte Freiheit, aber die Mimik des Dichters deutet berechtigte Zweifel an der völligen Aufrichtigkeit der *vita nuova*, des neuen Lebens, an.

Hesse auf einer Wanderung im Tessin, um 1922

Die Mühen des Abstiegs

Der Wanderer erscheint dann als der symbolische Ausdruck seiner neuen Existenz, allein, auf den Höhen der Existenz, aber immer vom Absturz bedroht. Es ist eher die Zarathustra-Bildlichkeit Nietzsches als eine *vita solitaria*, eine abgeschiedene, aber komfortable Gelehrten- und Künstlerexistenz im Sinne Petrarcas oder Ciceros in einem idealen ‚Tusculum', die er hier führt. Tatsächlich ist er krisengeschüttelt wie nie, spricht in seinen Briefen unablässig von Selbstmord, den er nach einer schweren Auseinandersetzung mit Maria auch halbherzig versucht; gleichzeitig gelingt es ihm, sich mit seinen Erzählungen eine neue Schreibweise zu erarbeiten. „Kinderseele", „Klein und Wagner", „Klingsors letzter Sommer" sind ebenso wie die früheren Romane „Knulp" und „Demian" allesamt Zeugnisse seiner Seelenbiographie, und der spätere „Siddhartha" zeigt eindrücklich, wie sich der Dichter auch im weiteren Verlauf seines Lebens immer wieder um einen ausgeglichenen psychischen Zustand bemüht.

Seine prekäre Existenzweise wird aber durch nichts besser verdeutlicht als durch sein unglücklich-verliebtes Agieren gegenüber Ruth Wenger, die als Partnerin in seiner Selbstprojektion als dionysischem Mann die angemessene Rolle spielt. Die Lektüre seiner eigenen Werke hätte ihn vor den unvermeidlichen Konsequenzen dieser Missverständnisse bewahren können.

Ausflug mit Freunden nach Carona, Juli 1919 (v.l. Paul u. Margeritha Osswald, Hesse, Ruth Wenger, Hermann Bodmer)

Der Schatten der Liebe

Hesse schreibt keine Theorie der Liebe wie Stendhal, obgleich er mehr als genug Anschauungsmaterial in seiner eigenen Erfahrung hätte auffinden können. Tatsächlich macht er die Liebe von Beginn an zu einem beherrschenden Thema seiner Werke, aber seine Anschauungen über die Liebe sind, anders als bei dem französischen Romancier, stark von religiösen und weltanschaulichen Überlegungen geprägt. Der lebenspraktische Aspekt von Partnerschaften, Beziehungen und erotischen Affären ist Hesse nicht fremd, aber er scheint seine eigenen Erkenntnisse im Strudel des Erlebnisses zu verdrängen. Dass für ihn nur eine Partnerin auf Augenhöhe und mit einer natürlichen Distanz, die auf beiden Seiten durch die eigene Persönlichkeit und intellektuelle Eigenständigkeit beglaubigt ist, infrage kommt, wird ihm wohl erst im Laufe der Dreißigerjahre bewusst.

Ruth Wenger kann schon aus äußerlichen Gründen diese Partnerin nicht sein: Nach Herkunft und Erziehung ist sie Hesses Kontexten fremd, was ihn Anfang der Zwanzigerjahre gerade reizt, aber auch dem Alter und dem Temperament nach, sie ist 20 Jahre jünger als er, gehört sie nicht in seine Welt. Die Porträts zeigen eine sehr attraktive junge Frau, die sich ihrer selbst durchaus bewusst ist und eigene Ziele verfolgt, über deren Charakter und Reichweite sich wohl beide unklar sind. Die Unruhe und die Krisen in ihrer Beziehung entstehen fast ausnahmslos durch Hesses Wunsch nach einer distanzierten und separierten Lebensweise: Sie sehen sich nur selten und vorübergehend, und aus der räumlichen Trennung erwachsen dann Verständnisprobleme. Hesse ist auch noch nach der erzwungenen Heirat von seinem Lebensmodell autonomer individueller Existenz überzeugt und akzeptiert nicht, dass seine „Freundin" ihren Wunsch nach bürgerlichem Eheleben und Kindern jetzt verwirklichen will. Sie dagegen versteht die Ängste vor zu großer Nähe, ohne jedoch ihre konträren Wünsche aufzugeben. Dass Hesse dem erotischen Element einer Liebesbeziehung weitgehend passiv gegenübersteht, sicher auch, weil er sich den Anforderungen nicht vollends gewachsen fühlt, ist nicht hilfreich. Ruth ist die Partnerin eines vorübergehenden Lebensentwurfs ästhetischer und erotischer Freizügigkeit, den er für sich imaginiert und noch bis an das Ende der Zwanzigerjahre zumindest als Rolle zu leben versucht, die tatsächlich aber ein Notschrei aus der Tiefe der Verzweiflung ist. Beide Partner spielen mit der Gleichzeitigkeit von tief sitzender Bürgerlichkeit und einer öffentlich ausgestellten künstlerischen Anti-Bürgerlichkeit, die für Hesse zu seiner Überlebensstrategie gehört. Aus Ruths Perspektive muss es allerdings die Möglichkeit einer Vermittlung von künstlerischer Existenz und einer bürgerlichen Ehe geben – trotz Hesses vehementer Gegenwehr und dem Scheitern der ersten Ehe. Auf den Photographien treten sie dann auch der äußeren Erscheinung nach in beiden Formen auf: als Außenseiter und als Angepasste. Hesse wird das zum Thema seines nächsten Romans, des *Steppenwolfs*, machen, der die Lebenskrisen der letzten zehn Jahre thematisiert.

Hesse mit Ruth Wenger um 1921

Hesse mit Ruth Wenger um 1919

Ruth Hesse um 1922

Hesse Anfang der Zwanzigerjahre

Ein Mann im besten Alter

Es ist verblüffend zu sehen, wie markant Kleidung, Mimik und Haltung das Erscheinungsbild eines Menschen verändern können: Der lässig auftretende Dichter in leichter, zerknitterter Sommerkleidung mit offenem Hemd ohne Schlips und mit weichem klassischem Kragen erscheint zehn Jahre jünger als der ernste, vertrauenerweckende Bürger, der in traditioneller Porträtpose mit aufgeschlagenem Buch und Pin-Kragen auftritt. Er ist das Wunschbild eines Mannes im besten Alter, der einerseits mit der Unzuverlässigkeit und der Attraktion des unkonventionellen Poetenlebens spielt, andererseits aber nicht auf den Ruf der Vertrauenswürdigkeit vor sich selbst verzichten mag. Die Welt mag von ihm halten, was sie will, zunächst muss er vor sich selbst bestehen können. Tatsächlich aber weiß der Anti-Bürger in Hesse, dass er den Anforderungen bürgerlicher Solidität nur um den Preis des Verlusts von Anerkennung und Resonanz entfliehen kann. Auch wenn ihm Maria entfremdet ist, wenn die Kinder bei Freunden oder in Institutionen in der Ferne untergebracht sind, wenn ihm die Konventionen bürgerlicher Verhältnisse oft zuwider sind, akzeptiert er seine Verpflichtungen, denen er sich nicht entziehen will. Hesse ist und bleibt auch in dieser schwierigen Zeit ein sorgender Vater und Gatte: Auch wenn ihm der Anzug oft zu eng wird, braucht er ihn doch als äußeren Ausdruck einer unverzichtbaren Lebensrolle – aber auch, um sich selbst zusammenzuhalten. Der *Siddhartha* ist nach den ‚exzentrischen' Texten des Neuanfangs zu Beginn der Zwanzigerjahre das herausragende literarische Denkmal seiner Bemühungen um Ausgleich dieser Spannungen, Überwindung der Leidenschaften und Verarbeitung seiner Lebenskrise. In diesem weltweit gelesenen und bis heute sehr erfolgreichen Roman gelingt ihm die Integration der auseinanderstrebenden Tendenzen nicht nur seines Lebens vor dem Hintergrund und mit den Mitteln der indischen Weisheitslehren, mit denen er sich intensiv vertraut gemacht hat. Das exemplarische Leben, das sich hier entfaltet und am Ende ein Gleichgewicht der Seelenkräfte in Aussicht stellt, ist aber nur zu Teilen sein eigenes: Auf eine gemäßigte Seelenruhe muss er noch lange warten, vor ihm liegt noch eine lange Zeit körperlicher und seelischer Leiden.

Chamäleon

Die Familie Ruth Wengers besitzt ein Ferienhaus in Carona im Tessin, das ‚Papageienhaus' genannt wird und in Hesses Werk und in seiner Phantasie einen wichtigen Platz einnimmt. Wenn bei Besuchen die Anwesenheit der Familie angenommen werden kann, bietet sich die bürgerliche Lebensrolle an, wie die Photographien zeigen. Sie zeigen aber auch, welche Art von Versteckspiel der Autor hier betreibt, denn es gelingt ihm, seine Identität nicht nur unterschwellig zu wahren, sondern sie sogar deutlich in den Vordergrund zu rücken, indem er seine Kleidung ihrer festen Grenzen beraubt. Hose, Jackett, Hemd, Kragen und Krawatte erscheinen ungeordnet und fließend, sie engen den Träger nicht ein, sondern umhüllen ihn. Statt des traditionellen ‚Vatermörders' trägt er einen modischen und etwas extravaganten Drei-Knopf-Kragen, der ebenfalls dem Eindruck eines spießigen Büroanzugs entgegenwirkt, wie auch die Blume im Knopfloch. Dem korrespondiert eine zehn Jahre zuvor in Gret Widmanns Studio eingeübte, aber damals gründlich verunglückte Pose dichterischer Überlegenheit, die hier glückt, weil sie mit einer kühlen, aber nicht überheblichen Distanz gepaart wird, die Castiglione im 16. Jahrhundert als die wichtigste Tugend des eleganten Hofmanns *sprezzatura* nannte – intellektuelle und künstlerische Lässigkeit bei verdeckter, aber vollkommener Beherrschung aller Formen. Aber auch dies ist ein Wunschbild, das nur für Momente gilt: Hesse ist nicht der Mann für das kunstvoll-ironische *understatement*, der modernen Variante der *sprezzatura*, sondern der wenn nötig auch schonungslosen pietistischen Aufrichtigkeit, die durch wahre Demut gemildert wird. Seinem Eigensinn fällt die Demut mit ihrer religiösen Komponente allerdings schwer: Lieber verzichtet er auf die Rolle überlegener Lebensironie und lebt im Verborgenen, wie in der letzten Aufnahme deutlich sichtbar.

Hesse in Carona 1922

Hesse in Carona 1922

Hesse 1921

Avantgarde als Alternative

Hesse trifft erstmals im Dezember 1920 in dem nahe gelegenen Agnuzzo auf Hugo Ball und Emmy Ball-Hennings, die damals nach langer enger Bekanntschaft gerade geheiratet hatten. Ball und seine Frau Emmy haben zu diesem Zeitpunkt die Skala der Lebenshaltungen von anti-bürgerlicher Avantgarde bis zu asketisch-fundamentalistischer Religiosität vollends ausgeschritten. Ball wird nach seiner Regieausbildung im Reinhardt-Seminar Anhänger und Vertreter des expressionistischen Theaters, Schriftsteller und kritischer Journalist, der unter dem Einfluss seiner späteren Frau Emmy Hennings sich etwa seit Ende 1916 vom Kabarett ab- und dem Katholizismus wieder zuwendet. Die beiden ungleichen Persönlichkeiten, Ball ernsthaft-asketisch, intellektuell und politisch radikal links, Emmy eine Schauspielerin und Sängerin in zweitklassigen Theater-, Kabarett- und Tingeltangel-Truppen, finden durch Balls uneigennützige Liebe zueinander, die allerdings durch Emmys zahllose Affären mit vielen Künstlern und Intellektuellen zeitweise schwer belastet wird. Ihr unsteter Lebenswandel, der häufige Wechsel des Wohnorts und der Umstände ist nicht zuletzt dem chronischen Geldmangel geschuldet, der sie nicht selten zur Prostitution zwingt – auch während der Beziehung zu Ball und mit seiner Billigung. Es sind aber eher ihre leidenschaftlichen Liebesaffären mit anderen Männern, die das Verhältnis belasten. Emmy entspricht in ihrer Mischung aus naiv-kindlicher, poetischer Unschuld und unbedingter Flirtbereitschaft, die Ausdruck ihres aktiven sexuellen Begehrens ist, einem männlichen Entwurf von verführerischer Weiblichkeit, der sich in der Zeit der Jahrhundertwende oft findet, besonders bei Wedekind, der sie kennt und für sie Couplets schreibt.

Emmy Hennings und Hugo Ball treffen 1915 im Milieu der Künstlerboheme in Berlin aufeinander; Ball ist damals schon ein ernsthafter Autor und Theaterpraktiker, dessen künstlerische und politische Entwicklung ihn in die Kleinkunst geführt hat. Während des Krieges flieht er 1915 in die Schweiz, wo er das „Cabaret Voltaire" gründet, das als zentraler Ursprung und Brennpunkt der dadaistischen Bewegung gilt. Emmy wird 1914 wegen Beischlafdiebstahls zu einer Gefängnisstrafe verurteilt, kurz darauf muss sie wegen eines anderen Vergehens erneut eine Haftstrafe absitzen, ebenso wie Ball. Emmy wird durch diese Erfahrung in den Grundfesten ihrer Existenz erschüttert und findet durch die literarische Verarbeitung schließlich zur Literatur. Sie beginnt, ihre Lebenserfahrungen in Romanen und autobiographischen Erzählungen erfolgreich zu bewältigen, tritt aber auch als Lyrikerin von Rang auf. Ihre faszinierende Persönlichkeit, die eine poetisch reizvolle farbige Märchengestalt mit ironisch-überraschendem Einfallsreichtum verbindet und auch im Leben Wirklichkeit und Phantasie ineinanderwirkt, schlägt sich schließlich in einer überzeugenden Kreativität nieder, die mehr Publikumsinteresse erweckt als Balls avantgardistische Dichtungen oder seine politischen und religiösen Schriften.

Hugo Ball (1886–1927) und Emmy Ball-Hennings (1885–1948), 1918

Emmy Ball-Hennings, 1921/22

Schauspieler des Lebens

Schon 1911 konvertiert Emmy zum Katholizismus, der für sie poetische und mythische Elemente besitzt, ohne jedoch ihren Lebensstil entscheidend zu ändern; nach dem Gefängnisaufenthalt intensivieren sich ihre religiösen Bedenken erneut, sie bleiben aber ohne einschneidende Konsequenzen. Nach und nach entsteht, vor allem durch Balls nahezu fundamentalistische Wende zum Katholizismus, die mittelfristig für beide Probleme birgt, eine dauerhafte, wenngleich nicht immer stabile Beziehung, die in der gemeinsamen Religiosität einen wichtigen Anker besitzt.

Hesse ist von dem ungleich-gleichen Paar fasziniert, interessiert sich aber eher für Balls religions- und ideengeschichtliche Arbeiten, obgleich er in den nächsten Jahren Emmys lyrische und erzählerischen Werke zu schätzen lernt und sie als bedeutende literarische Leistungen propagiert. Noch lange nach Balls Tod 1927 fördert er sie und ihre Tochter Annemarie.

Die Bekanntschaft fällt in die Zeit der ersten Liebe zu Ruth Wenger, und es entwickelt sich eine eigenwillige verdeckt-erotische Konstellation, wie sie schon kurz zuvor zwischen Emmy/Hugo und Ernst Bloch und seiner Frau Else entstanden ist – allerdings mit vertauschten Rollen: Emmy schreibt ‚Liebes'briefe an Ruth, während die enge Freundschaft zwischen Ball und Hesse nur sehr unterschwellig homosoziale Züge trägt. Ball wird zu Hesses 50. Geburtstag die erste Biographie des Autors auf dessen Wunsch vorlegen, die Spuren einer auch emotionalen Identifikation mit dem Untersuchungsobjekt zeigt. Hesse selbst ist während dieser Phase durch die verworrene Dynamik der scheiternden Beziehung zu Ruth Wenger und die Arbeit an seinen zentralen Werken dieser Zeit zu beschäftigt, um sich auf weitere Eskapaden einlassen zu können. Dennoch, das zeigen die Originalmanuskripte seiner berühmten *Krisis*-Gedichte, die nie ohne die späteren Streichungen veröffentlicht wurden, ist ihm die Situation wohl bewusst. Der Grund für seine Faszination, die er Emmy und Hugo Ball entgegenbringt, liegt aber offensichtlich in deren Polarität von Leben als Erlebnis und Kontemplation, die er als strukturelle Dualität in seinem eigenen Leben wiederfindet und in seinem Werk gestaltet: Emmy ist erkennbar der Steppenwolf- und Goldmund-Teil, während Hugo ebenso sichtbar eine Narziß-Figuration ist. In ihnen treten Hesse die Grundimpulse seiner eigenen Persönlichkeit lebendig-greifbar gegenüber, und der Dialog mit ihnen hat ein Moment von Selbstgespräch und Selbsterkundung, seine Sorge um sie ist zu einem gewissen Teil auch die Sorge um sich selbst. Zusammen mit ihnen entsteht die nicht so seltene Form einer autonomen Einheit von gegenseitiger Anerkennung und entgegenkommender Resonanz, die über die traditionelle Freundschaft als Bestätigungs- und Unterstützungskartell hinausgeht und mit dem Tod von Ball ihre Form verliert.

Hesse mit Alice Leuthold (1889–1957), um 1925/26

Mit Alice und Fritz Leuthold (1881–1954), 1929

Netzwerke

Hesses Anerkennungs- und Resonanzbegehren inspiriert ihn von frühester Kindheit an dazu, Gleichgesinnte und Gleichgestimmte zu finden und mit ihnen in Austausch zu treten. Dem Wunsch nach einer Existenz im Verborgenen, fern vom Oberflächenrauschen der großen Städte, steht so von Beginn an im Widerspruch zu seiner Sehnsucht nach resonanter Gemeinschaft. Dort, wo er sie gezielt aufsucht, etwa auf dem Monte Verità, wird er schnell enttäuscht; andere, wie der Zirkel der Zürcher Dadaisten, sind ihm zu laut und grell. So verfolgt er von Beginn an eine Strategie des brieflichen ‚Netzwerkens', die ganz modern erscheint. Er erwartet dabei von den Angesprochenen resonante, das heißt entgegenkommende, nachempfindende und konstruktive Antworten, sicher oft auch Trost und nicht selten praktische Hilfe. So baut er vor allem seit den Tübinger Jahren an der dynamischen Konstruktion einer Gruppe von engen und weiteren Freunden und Bekannten, die er nach Bedarf verändert und durch Besuche und Gespräche pflegt. Diese soziale Freundschaftsstrategie wird ihm dann auch in Krisenzeiten eine wichtige, manchmal sogar überlebenswichtige Ressource sein, denn hier findet er Anerkennung, Verständnis und Hilfe nicht nur für sich, sondern auch für diejenigen, die hilfsbedürftiger sind als er selbst. Ohne seine konzentrischen Freundschafts- und Bekanntenkreise, zu denen natürlich auch seine vielfältigen beruflichen Kontakte zählen, ist die ungeheure Unterstützungsleistung während der beiden Weltkriege für die Exilierten und die Bedürftigen nach 1945 undenkbar. Dabei sollte nicht vergessen werden, dass Hesse jahrzehntelang zahllose Bettelbriefe erhält, denen er natürlich nicht allen entsprechen kann; dennoch hat er auch in Zeiten, in denen er selbst nur über das Notwendigste verfügt, bis an die Grenze der Selbstplünderung geholfen und gespendet.

Zu seinen beständigsten Freunden zählen neben Hans und Elsy Bodmer auch Alice und Fritz Leuthold, die ihm vor allem in den Zwanzigerjahren als Gastgeber von unschätzbarem Wert sind und die er in seinen Briefen die ‚Siamesen' nennt. Auf seiner Indonesienreise 1911 macht er die Bekanntschaft von Fritz Leuthold, der mit seiner Frau Alice längere Zeit auf Siam gelebt hat. Weil Hesses erste Wohnung in der Casa Camuzzi fast unheizbar ist, leidet er in den ersten Wintern der Zwanzigerjahre an dauerhaften und schmerzhaften Krankheiten wie Gicht und Arthrose; zunehmend sucht er deshalb eine Alternative für die Wintermonate, bis die Leutholds ihm von 1925 bis 1932 in Zürich ein Gästeappartement einrichten, das er auch außerhalb der Wintermonate gelegentlich nutzt. Erst mit der Casa Rossa, dem Haus, das sein Freund und Mentor Hans C. Bodmer für ihn 1931 in Montagnola baut und ihm und seiner Frau Ninon lebenslang zur Verfügung stellt, kann er auch die kalten Wintermonate über im Tessin bleiben.

Der Autor des *Steppenwolf*

1926 macht Gret Widmann eine zweite Serie von Porträtaufnahmen des Dichters, die in charakteristischen Einzelheiten, bei vielerlei Übereinstimmungen, deutliche Unterschiede zu ihren früheren Aufnahmen zeigen. Ihre Bilder sind einzigartige Dokumente, die einen optischen Vergleich zwischen der gewünschten Erscheinung des 33-jährigen und des 49-jährigen Autors erlauben. Die Serie von 1910 umfasst neun Bilder, die von 1926 zehn und die folgende von 1929 zwanzig Bilder, sodass man annehmen kann, dass es sich um feste Einheiten von je zehn Bildern handeln könnte, wobei in der ersten Serie eine Aufnahme verloren gegangen wäre.

Die Aufnahmen ähneln sich darin, dass sie kaum eine Variation in der äußeren Erscheinung oder des Orts zulassen: Der Dichter tritt in einem dunklen Anzug mit Schlips und Kragen auf, der 1926 allerdings etwas modischer und lässiger wirkt. Fast alle Aufnahmen von 1910 sind im Photostudio gemacht worden, mit der Ausnahme der Photographie im Malerstudio ihres Mannes. Während die 1926er Serie offensichtlich in einer Sitzung hergestellt wurde und die Aufnahmen alle Sitzporträts darstellen, die zumeist nur in Details der Haltung variieren, scheinen die früheren Bilder bei zumindest zwei Sitzungen angefertigt worden zu sein, wie an Details der Kleidung erkennbar ist. Zudem gibt es 1910 drei Standporträts, von denen zwei den Autor in einer distanziert herrisch-arroganten Pose zeigen, die für Hesse sehr unnatürlich und aufgesetzt erscheint und seiner Unsicherheit dem ungeliebten Medium, aber auch der sich anbahnenden Verschärfung seiner Lebenskrise geschuldet sein mag.

Der Tenor der früheren Aufnahmen liegt offensichtlich in der ausgestellten Distanz des Autors, der sich gleichzeitig als Lebenskünstler, Denker und Poet inszeniert und dessen verschlossene, allenfalls leicht melancholisch-neutrale Mimik eine selbst gewählte nietzscheanische Einsamkeit suggerieren soll. Demgegenüber zeigt fast die Hälfte der späteren Aufnahmen einen entspannt-lächelnden Hesse, der teilweise sogar so amüsiert wirkt, dass das Photo für den öffentlichen Gebrauch unpassend erscheinen mag. Die dekorativen Elemente ändern sich nur ein wenig, Hesse hält fast immer eine Zigarre in der Hand, das früher hervorgehobene Weinglas verschwindet zugunsten eines Federhalters als dem charakteristischsten Arbeitsgerät eines Dichters.

Hesse-Porträt, 1926

Hesse-Porträts, 1926

Sitzend gestellt

Die Aufnahmen, die Hesse in der Natur zeigen, sind zumeist Schnappschüsse, deren Urheber oft unbekannt bleiben, wie auch hier in der ungewöhnlichen Sitzpose inmitten eines Parks. Der Stuhl wirkt in der Parklandschaft unauthentisch und künstlich; Hesse gibt sich wahrscheinlich wohlwollend dem Wunsch nach einer repräsentativen Aufnahme anlässlich eines Besuchs bei Freunden hin, sodass man vermuten könnte, dass die Aufnahme bei den Freunden Max und Mathilde Wassmer in Bremgarten bei Bern gemacht wurde. Spätere Besuche auf dem repräsentativen Besitz der Wassmers sind von Hesses Sohn Martin dokumentiert worden.

Die freundlich-wohlwollende Haltung wäre dann seiner Vertrautheit mit den Anwesenden geschuldet, obwohl sich ganz unbeabsichtigt auch hier ein charakteristischer Unterton bemerkbar macht. Die gestellte Situation der Verbindung von Natur und dekorativer Gesellschaftlichkeit ist dem Autor nicht fremd, dessen Naturverbundenheit doch immer ein Moment des Konventionellen beibehält, selbst während der krassen Erfahrungen bei seinem Besuch auf dem Monte Verità oder bei seinem Nacktklettern: Es bleibt ein Moment des Ostentativen und des Gewollten bestehen. Hesse ist kein Trapper und Fährtenleser, sondern ein besinnlicher Beobachter bei Wanderungen und ein kultivierender Gärtner.

Hesse, um 1927

An der Oberfläche verschwinden

Auch Gret Widmanns Porträt markiert deutlich, wie sehr sich der Autor mit seiner bürgerlichen Existenz ausgesöhnt hat, obgleich er noch bis Ende der Zwanzigerjahre bei seinen Fassnachtsexkursionen über die Stränge schlägt. Dieser Hermann Hesse nimmt sich, so weit es ihm möglich ist, zurück; seine Neutralität und unauffällige Mitmenschlichkeit dementiert all die Stürme und Leidenschaften der letzten Jahre, aber auch die tiefen Depressionen und die Leiden der Verzweiflung.

Hesse-Porträt, 1926

Der Autor von *Narziß und Goldmund*

Die Aufnahmen Gret Widmanns von 1929 sind wiederum in entscheidenden Details gegenüber den früheren verändert: Sie zeigen den Autor nicht mehr lächelnd, der Aspekt der äußeren Bürgerlichkeit ist wieder gesteigert, und Hesse wirkt wieder distanzierter. Es sind vornehmlich drei Elemente, die in dieser Serie den Eindruck der Betrachtenden modifizieren: die schwere Uhrkette, die gebräunte, aber asketisch-abgezehrte Erscheinung und die randlose Brille, die damit nicht so ganz harmonieren will. Die drei Jahre jüngeren Aufnahmen trauen ihm zumindest die Rolle des Goldmund zu, die jetzigen zeigen einen eher an Siddhartha anknüpfenden asketischen Künstler.
Auf einigen Aufnahmen wirkt der Autor weniger distanziert als abwesend, eine deutliche Spur sanfter Melancholie ist sichtbar. Die Standphotos nehmen die herablassende Haltung der 1910er Serie wieder auf, sie sind aber durch einen Zug des Leidens und des Geschehenlassens gemildert, wenn nicht sogar in ihr Gegenteil verkehrt. Die Haut des Antlitzes wirkt wie abgeschliffen, dünn und verletzlich, und sie zeigt, was noch drei Jahre zuvor kaum sichtbar war: das Alter. In seinen Briefen spricht Hesse bereits zu dieser Zeit von seinem fortgeschrittenen Alter im Sinne eines beginnenden Greisentums, das Geist und Körper ergreift. Der Zenith seines Lebens ist aus seiner Sicht bereits überschritten – er ahnt nicht, welche ungeheuren Belastungen schon bald auf die ganze Welt zukommen, denen auch er sich stellen muss.

Hesse-Porträt, 1929

Hesse-Porträts, 1929

Dunkles Leuchten

Hesse muss zeitlebens, teilweise wegen einer Explosion von Feuerwerkskörpern in seiner Kindheit, die auch seine Augen in Mitleidenschaft gezogen hat, mit mehreren Brillen für unterschiedliche Zwecke arbeiten. Es ist zu dieser Zeit schwierig, einen Augenarzt zu finden, der seine Beschwerden richtig diagnostiziert und auch wirksam therapieren kann, und so sucht er lange nach kompetenter Betreuung, die ihm so wichtig ist, dass er, als er endlich jemanden gefunden hat, Hunderte von Kilometern sogar im Flugzeug zurücklegt, um sich in Deutschland behandeln zu lassen.

Er nutzt Brillengestelle aber wohl nur unbewusst als modische Accessoires, wie auch Kragenformen, sie verändern dennoch seine Erscheinung in subtiler Weise, so wie hier die randlose, ovale Brille, die im Gegensatz zu den dunkelrandigen Gestellen mit deutlich größeren runden Gläsern das Gesicht gleichsam durchsichtiger macht. Die feinen Züge des Antlitzes sind in ihrer filigranen Struktur besser erkennbar, das Gesicht leuchtet nahezu durch die leichte Brille nach außen. Ein auch an anderer Stelle merkbarer Effekt macht sich hier geltend: Die Schärfeneinstellung der Kameralinse ist auf das Gesicht fokussiert, sodass bereits die nur leicht zurückgenommene Hals- und Brustpartie etwas unscharf erscheint und der Hintergrund gänzlich verschwimmt, womit der Effekt der Kurzsichtigkeit eintritt, der für den Autor prägend ist. Nur das Nächste ist klar und distinkt zu erkennen, das Verständnis alles Ferneren muss durch Hilfsmittel und unter Schmerzen und Ermüdung erarbeitet werden. Der Gesichtsausdruck des Autors versammelt zu dieser Zeit die Erfahrung dieser Arbeit an sich selbst und an den widrigen Umständen seiner Existenz; die hohen Ansprüche an das Leben in der Frühzeit sind ebenso wie die selbst auferlegten Lebensideale durch eine umfassende Selbsterkundung und Realitätsprüfung variiert und angepasst, neue Impulse und Gefahren bewusst gemacht, Erfolge und Niederlagen sind bewältigt. Was bleibt, ist eine durch Erfahrung kluge Melancholie, die mit skeptischer Neugierde in die Zukunft blickt. Auch das ist selbstverständlich ein Wunschbild des Dichters, der auch noch in den Jahren nach dem *Steppenwolf* mit schweren Problemen zu kämpfen hat – die grundlegende Entwicklungslinie zeigt aber trotz der beginnenden Alterserfahrung nach oben, und diese zarte Ahnung spiegelt sich neben anderen Tendenzen auch in den Porträts der Zeit.

Hesse-Porträt, 1929

Wanderer zwischen zwei Welten

Anders als Thomas Mann, der seinen täglichen Spaziergang gerne auf städtische und halb-ländliche Gegenden beschränkt, greift Hesse weit aus; er ist aber weniger Spaziergänger und Flaneur als beobachtender Wanderer. Mit zunehmendem Alter überschreitet die Reichweite seiner Exkursionen allerdings nicht mehr so häufig die Grenze eines Tagesausflugs, und alles, was für die physische Leistungsfähigkeit zu beschwerlich ist, wird vermieden. In den Gaienhofener Jahren packt er noch einen Rucksack mit dem Nötigsten, wandert in der luftigen Kleidung der Wandervögel, für die er wegen ihrer Gruppenbildung keine große Sympathie besitzt, ins Ungefähre und kehrt vielleicht erst Tage später zurück. Die Gegebenheiten im Tessin verändern dieses Muster; hier bieten sich Wanderungen zwischen den einzelnen Dörfern der Umgebung an, deren Bewohner man kennt und besuchen kann. Auch bieten die ‚Grotti', einfache naturnahe Gaststätten, die in den Fels der Berge hineinreichen, dankbare Ziele und Haltepunkte. Dabei finden sich schnell Freunde und Bekannte, die gerne mitwandern, sodass hier die Erinnerungen an die Ausflüge des *petit cénacle* mitspielen mögen. Wie das Photo zeigt, trägt der Autor auch bei Ferienwanderungen, hier auf der Rigi, einem beliebten Touristenziel, kein Wandervogel-Outfit und keinen Rucksack mit Wein, Brot und Käse bei sich, sondern unternimmt seine Tour im Dreiteiler.

Hesse auf der Rigi, 1928

Distanz und Scham

Auf den meisten Aufnahmen, die es von dem Autor gibt, hält er den Mund geschlossen, und da er ein asketisches Gesicht mit schmalen Lippen hat, erscheint die Mundpartie zumeist als ein wenig ausgeprägter Strich. Diese Mimik wird nur selten und dann wahrscheinlich ganz bewusst verändert, weil der Eindruck der Neutralität, Distanz und Ausgeglichenheit seiner Selbstwahrnehmung entspricht und erwünscht ist. Spätere Aufnahmen vor allem seines Sohnes Martin zeigen dann interessante Versuche, diese Uniformität durch wechselnde Perspektiven aus der Untersicht zu durchbrechen; Gret Widmann wählt bei ihren Bildern deshalb auch gerne eine leicht angedeutete Untersicht, vor allem aber nutzt sie Profil- und Halbprofilansichten, die die Mundpartie teilweise verdecken oder nuancieren. Ein weiterer Grund, warum Hesse die Lippen zumeist geschlossen hält, liegt an dem vor allem in seinen mittleren Jahren schlechten Zustand seiner Zähne. Ähnlich wie Thomas Mann hat er sein Leben lang Probleme mit und an den Zähnen, die auch seine übrige Befindlichkeit empfindlich stören, sodass häufige Behandlungen notwendig werden. Aufnahmen aus den frühen Dreißigerjahren zeigen ihn mit einer Anzahl von Goldzähnen, die er später wieder zugunsten eines Gebisses entfernen lässt.

Hesse-Porträt, 1929

Bedachtsam …

… aber auch selbstbewusst, Hesse-Porträts, 1929

Neue Freiheit

Von seiner Reise nach Indonesien 1911 besitzt der Autor noch tropentaugliche Kleidung, die ihm in den Sommermonaten im Tessin nützlich ist und die gleichzeitig eine modische Funktion annehmen kann. Hesse nutzt die leichte Sommerkleidung, die Maria als „Tropenanzug“ beschreibt, auch als Erkennungs- und Distinktionsmerkmal für seine freie Künstlerexistenz in den heißen Monaten. 1929 ist er nach dem Scheitern der Ehe mit Ruth Wenger wieder frei, eine Wiederholung der Situation von 1919, als er endgültig aus seinen ehelichen Bindungen flieht, um seinen selbst gewählten Lebensentwurf weiter zu verfolgen. Der Erkenntnis, dass er mit der Beziehung zu Ruth einen Menschen in die Utopie einer *vita nuova* als Reinszenierung der verdrängten Jugendlichkeit hineingezogen hat, wirkt lange nach, nicht zuletzt im *Steppenwolf*, denn mit der Scheidung seiner zweiten Ehe überwindet er keineswegs seine Faszination für ein Leben intensiver Erlebnisse.

Seit einigen Jahren ist Ninon Dolbin in sein Leben getreten, deren fordernde Haltung seine Distanz provoziert, die aber selbst noch in einer verfahrenen Ehe steckt, aus der sie sich nicht einfach lösen kann. Hesse führt derweil sein von Zeit zu Zeit ausschweifendes Leben fort, konfrontiert Ninon sogar mit seinen erotischen Eskapaden und etabliert so ein prekäres Gleichgewicht von Freiheit und Bindung, das sich 1929 aber schon sichtbar in die Richtung einer dauerhaften und festen Beziehung entwickelt. Die Balkonszene illustriert diese Situation der späten Zwanzigerjahre: Die wiedergewonnene Souveränität benutzt noch die äußeren Zeichen der Künstlerexistenz, der halbgeöffnete Mund suggeriert neugierige Offenheit und das beiläufige Abstreifen der Zigarrenasche ist ein Ausdruck von Lässigkeit und Überlegenheit. Die großen Meistererzählungen seiner Lebenskrisen liegen hinter ihm, vor ihm steht mit *Narziß und Goldmund* eine weitere Konfiguration seiner dualistischen Lebensimpulse.

Hesse auf der Veranda der
Casa Camuzzi, 1929

Das Handwerk des Dichters

Bücher und andere Publikationen sind Arbeitsmittel und Resultat der schriftstellerischen Arbeit, ebenso wie Korrespondenzen und andere Schriftmedien. Deshalb lassen sich bis heute Intellektuelle und dichterisch Veranlagte gern vor und mit Druckwerken ablichten, was auch Gret Widmann in ihrer letzten Hesse-Serie als Charakterdetail nutzt. Hesse als Leser kommt bei ihr insgesamt fünfmal als Motiv vor, und auch Martin Hesse wird seinen Vater in dieser Pose häufig aufnehmen. Zu den spezifischen Eigenschaften, die mit intensivem Lesen als Arbeit und nicht als Vergnügen assoziiert werden, gehören großes Überblicks- und auch Spezialwissen, ausgeprägte Meinungen und der Anspruch, an den entscheidenden gesellschaftlichen Diskursen der Zeit nicht nur teilzunehmen, sondern auch wahrgenommen zu werden oder sie sogar in ihrer Richtung beeinflussen zu können. All dies gilt tatsächlich auch für Hesse, aber in den Bildern von Gret Widmann erscheint kein typischer weltmännischer Intellektueller, sondern ihre Aufnahmen und mehr oder minder bewusst auch der Porträtierte suggerieren eine andere, traditionellere Rollenzuschreibung, die sich mit dem fortschreitenden Alter ergibt: der Weise. Hesse wird schon früh von seiner Leserschaft als ein Autor verehrt, der durch seine persönliche Perspektive und sein Interesse an fernöstlichen Weisheitslehren als lebensweiser Ratgeber gelten kann. Sowohl die prekären Lebensläufe seiner fiktionalen Helden wie auch der Autor selbst, der sich in vielen seiner kleineren Veröffentlichungen und vor allem in seinen Gedichten äußert, unterstützen diese Auffassung, die Hesses entgegenkommendem Resonanzverlangen entspricht. Auf den Bildern aus dem Jahr 1929 erscheint dann auch ein an der Grenze der Vergeistigung stehender Seher, dessen Blick nicht nur in die eigene Zukunft gerichtet ist, sondern sich auch an die Betrachtenden mit einer fragend-auffordernden Geste wendet. Der Autor bietet fast direkt Rat und Hilfe an, auch wenn ihm die unfassbar vielen Briefe einen immer größeren Teil seiner geringer werdenden Arbeitszeit rauben. Der skeptisch-melancholische Gesichtsausdruck scheint anzudeuten, dass der Dichter zu den Eingeweihten zählt, deren Lebenserfahrung und Kenntnis der großen Weisheitslehren sie zu Ratgebern prädestiniert. Hesse will mit seinen Porträtphotographien sicher keine zusätzlichen Briefanfragen oder – schlimmer noch – Besucher anlocken. Tatsächlich aber gelingt es ihm bis an sein Lebensende nicht, sich den Anfragen, die an ihn gestellt werden, zu entziehen.

Hesse-Porträt, 1929

Entrückt …

… und doch versammelt, Hesse-Porträts, 1929

Mit Ninon Dolbin im Skiurlaub, 1929

Ankunft im Eigenen

Der Dichter und sein Wetter

Ninon Ausländer (1895–1966) ist schon als junges Mädchen von Hesses Werken tief beeindruckt und versucht mehrmals, mit dem immer bekannter werdenden Autor brieflich und persönlich in Kontakt zu treten, was ihr aber in nur unbefriedigendem Maße gelingt. Während ihres Kunstgeschichtsstudiums lernt sie den späteren Zeichner und Karikaturisten (Benedikt) Fred Dolbin kennen und heiratet ihn im November 1918. Ende 1920 verlässt sie ihn erstmals; in den nächsten Jahren etabliert sich eine von Dolbins Affären befeuerte Dynamik von Nähe und Ferne, die sich 1926 beschleunigt: Ninon besucht Hesse in Zürich und ist ständig zwischen Wien, Berlin und der Schweiz unterwegs. Zeitgleich mit Ruth Hesses Scheidungsbegehren im Januar 1927 trennt sich Ninon endgültig von Dolbin und beginnt regelmäßige längere Besuche im Tessin. 1928 fährt sie erstmals mit Hesse sechs Wochen nach Arosa in den Skiurlaub, eine Reise, die sie bis einschließlich 1932 jährlich wiederholen. Wenn es ein Wettersymbol ihrer frühen Beziehung gibt, ist es der Schnee, den sie in diesen fünf Jahren während ihrer Aufenthalte in Arosa und St. Moritz genießen dürfen. Auf dem Photo wirkt Hesse gelöst und fröhlich; er kennt Skiurlaube aus den Jahren 1911, 1913, 1915, 1916 und 1917. Mit Ruth, die, selbst sportlich, sich sicher über das gemeinsame Skifahren gefreut hätte, vermeidet er solche Unternehmungen, zweifellos, um die aus seiner Sicht nötige Distanz aufrechtzuerhalten. Der erste Sommer mit Ninon in ihrer eigenen Wohnung in der Casa Camuzzi kann ihn nur beruhigt haben: Ohne dass eine engere Gemeinschaft für ihn auf der Tagesordnung steht, ist er von Ninons taktvoller Zurückhaltung und Distanz positiv beeindruckt. Tagsüber leben sie völlig getrennt, nach dem separaten Abendessen liest sie ihm vor. Die Kommunikation erfolgt über ‚Hausbriefe', die Hesse im Vestibül ablegt. Ein Freund nennt das Abhängigkeit und Sklaverei, woraufhin Hesse sich brieflich von Ninon trennen will, die aber ihr Verhältnis anders verstanden wissen will, sie sieht sich nicht als ‚Opfer', sondern als sorgend Liebende.

Schnee

Hermann Hesse und Thomas Mann kennen sich schon seit 1904, und ihr Briefwechsel seit 1910 belegt, dass sie sich trotz geradezu diametral gegensätzlicher Lebensentwürfe gut verstehen und einander als Schriftsteller hochschätzen. Thomas Mann holt Hesse in die „Preußische Akademie der Künste", die der Autor, der sich mit dem Deutschen Reich der Zwischenkriegszeit nicht mehr identifizieren kann, schnellstens wieder verlässt, und er schlägt ihn mehrfach für den Nobelpreis vor, den er schließlich auch erhält. Die beiden sind Autoren desselben Verlags, sind mit dem Verleger befreundet und treffen sich gelegentlich auch persönlich, so 1931 und 1932 bei St. Moritz. Sie sind zwei der großen Autoren ihrer Zeit, die beide von zahllosen Kolleginnen und Kollegen beneidet, befeindet, verleumdet, beleidigt und gehasst werden – nicht selten von gerade jenen, denen sie selbstlos in der Not geholfen haben. Thomas Mann ist der international bekannteste Vertreter deutscher Kultur, der sich als Repräsentant des kulturellen Deutschtums versteht und diese Rolle auch mit Hingabe ausfüllt. Hermann Hesse steht dagegen zunächst primär für sich selbst, ein von Beginn an krisengeschüttelter Künstler mit starken Überzeugungen, die allerdings nur wechselnde Minderheiten der Leserschaft akzeptieren. Er ist von höchst fragiler, fast dekadenter Empfindlichkeit, von allerlei Leiden körperlicher und seelischer Art gepeinigt, in seiner Kunst oft gehemmt und von wechselnder Aussage – der klassische Fall eines prekären, nervösen Künstlers, der sich an dem ‚gesünderen' Kollegen orientieren kann. Tatsächlich ist es aber genau umgekehrt, wie sich bereits ein Jahr später, 1933, mit Nachdruck zeigt.

Die politische Dynamik um den Jahreswechsel 1932/33 führen zu einer Situation, in der Reichspräsident Hindenburg nur den Ausweg sieht, Adolf Hitler zum Reichskanzler zu ernennen. Der Schock ist vor allem bei Mann groß, obwohl er zunächst noch überlegen reagiert, doch die Zeichen einer schreckensvollen Wende sind auch für ihn persönlich schon seit einiger Zeit deutlich erkennbar. Die Wahlen zum Reichstag im März ermöglichen schließlich die folgende schnelle Machtergreifung der Nationalsozialisten. Thomas Manns Vortrag zu Richard Wagners 50. Todestag im April, den er in München, Amsterdam, Brüssel und Paris hält, provoziert dann neben Anerkennung auch scharfe persönliche Ablehnung von zahlreichen Kritikern, die sich zu einer gemeinsamen Gegendarstellung zusammenschließen. Mann ist zutiefst getroffen, denn unter den federführenden Gegnern finden sich auch persönliche Freunde wie der von ihm sehr geachtete Komponist Hans Pfitzner.

Nach seiner Lesereise macht die Familie Mann Urlaub in der Schweiz, auch um die weitere Entwicklung abzuwarten; eine sofortige Rückkehr verbietet sich aus Sicherheitsgründen, der Autor macht seine Ablehnung der Nationalsozialisten schon seit einiger Zeit unmissverständlich klar. Zutiefst verstört und aus der Bahn geworfen, nutzt Thomas Mann die Nachbarschaft des befreundeten Autors in Montagnola, der ihm

Mit Thomas Mann im Februar 1932 in St. Moritz

mit seiner Einschätzung der Lage und seinen persönlichen Ratschlägen eine große Hilfe ist. Manns große, andauernde und aufrichtige Freundschaft zu Hesse gründet in dessen Anerkennung seiner Person und ihrer Probleme, in der entgegenkommenden Resonanz, mit der er ihm in dieser prekären Situation begegnet, und die in wirksamen Trost mündet. Thomas Mann findet in Hesse einen uneigennützigen Ratgeber, der ihm in mehreren langen Gesprächen bei der emotionalen und gedanklichen Verarbeitung des Schocks der Machtergreifung und des Verrats seiner Freunde behilflich ist. Zwischen den beiden ‚Großschriftstellern' entsteht so das, was in der Sphäre kultureller Konkurrenz so selten ist: Freundschaft, die auf Loyalität und Aufrichtigkeit gründet. Diese von außen betrachtet etwas eigentümliche Situation zeigt nebenher deutlich das von Hesses Vertrauten oftmals beschriebene intensive Charisma und die Macht seiner persönlichen Präsenz – trotz aller cholerisch-sprunghafter Launen und egozentrischer Empfindlichkeiten, unter denen an erster Stelle Ninon leidet.

Harte Liebe

Hesse und Ninon verdanken ihre Skiurlaube wie so vieles andere der Unterstützung von Bewunderern und persönlichen Freunden des Dichters – in diesem Fall von Joseph Englert, der sie als Gäste in seiner Ferienhütte kostenfrei unterbringen kann. Trotz Hesses schwankender Launen ist auf den Photos deutlich erkennbar, dass ihm diese Aufenthalte guttun. Er profitiert nicht nur körperlich von der angenehmen Anstrengung, sondern die physische Erschöpfung hat auch positive Konsequenzen für seine seelische Verfassung. Vor allem aber kann er sich in diesen Wochen an die andauernde Nähe Ninons gewöhnen, die er nicht so einfach wie in der Casa Camuzzi mit seinen kleinen „Hausbriefchen" auf Distanz halten kann. Natürlich genießt auch sie diese Wochen in den fünf Jahren, nachdem sie sich dazu entschlossen hat, so viel Zeit wie möglich in Hesses Nähe zu verbringen. Auch Ninon muss ihre Entscheidung, sich ganz in den Dienst des äußerst schwierigen und launenhaften Dichters zu stellen, der Erprobung durch den Alltag unterziehen, denn von allen Partnerinnen des Autors ist sie diejenige, die aufgrund ihrer intellektuellen und künstlerischen Voraussetzungen am ehesten Anspruch auf eine eigene Karriere besitzt. Ninon studiert Kunstgeschichte, und obwohl sie ihr Studium nicht mit der ersehnten Doktorarbeit abschließt, darf sie als umfassend gebildet gelten – gebildeter als Hesse selbst, der sich nur ungern auf ausdauernde Spezialstudien einlässt. Sie ist in beiden antiken Sprachen sattelfest, übersetzt sogar eine der Dialogschriften Platons und kennt sich in der antiken Kunstgeschichte besser aus als irgendjemand in ihrem Umfeld. Dieses akademische Interesse schafft dabei die wahrscheinlich wichtigste Grundlage für die erfolgreiche und dauerhafte Beziehung und Ehe mit Hesse: Ihre wissenschaftlichen Forschungen, aber auch ihre eigenen literarischen Versuche sensibilisieren sie für die notwendigen Bedingungen der konzentrierten kreativen Arbeit. Völlige Stille, ununterbrochene einsame Kommunikationslosigkeit und der Schutz vor Unterbrechungen jeder Art sind die Voraussetzungen, unter denen die schöpferische Arbeit gelingen kann – aber nicht immer gelingen muss. Dann folgen bei Hesse nicht selten plötzliche cholerische Tobsuchtsanfälle, gepaart mit depressiven Phasen und Selbstmordphantasien. All dies will nicht nur ertragen sein, sondern auch vorbeugend verhindert oder aber gemildert werden; keine einfache Aufgabe, an der auch eine Frau von den Fähigkeiten Ninons scheitern kann, denn auch sie ist, wie könnte es anders sein, keine einfache Natur. Tatsächlich ist sie charakterlich und seelisch so kompliziert, dass es sehr außergewöhnlich ist, dass sie ihre Hoffnungen auf die Verwirklichung ihrer Wünsche so nachhaltig der Sorge um Hesse nachordnet. Es ist eine harte Liebe.

Ninon Hesse, um 1932

Hesse beim Skilaufen, 1932

Hesse mit Ninon beim Skilaufen, 1932

Kein Haus der Träume

Hesses Beziehung zu Ninon ruht auf vier Pfeilern: Ninons Liebe zu dem Menschen Hesse, ihrer Verehrung von und tiefen Übereinstimmung mit seinem Werk, der immer wieder irritierenden Distanz in räumlicher und persönlicher Hinsicht und ihrem Einverständnis mit einer ehe- und kinderlosen Existenz. Die letzten beiden Punkte waren schließlich der Grund, warum die Partnerschaft mit Ruth zerbrechen musste – sie konnte diese Forderungen letztlich nicht akzeptieren. Mit Ninon weiß sich Hesse dagegen in dieser Frage einig, aber er täuscht sich. Ende der Zwanzigerjahre merkt Ninon, dass ihre Lebensgemeinschaft mit dem Autor, auch wenn sie ihre eigenen Wohnungen haben, unerwünschte Konsequenzen hat: Freunden und der eigenen Familie gegenüber präsentiert er sie als seine „Mitarbeiterin" oder „Sekretärin", auch wenn allen Beteiligten die Sachlage bekannt ist. Das ist demütigend, verletzend und auf Dauer unerträglich, auch wenn es nicht die Alltagsrealität in Montagnola spiegelt. Dort aber, und in der Schweiz allgemein, ist eine offene Beziehung, wie sie die beiden führen, nicht wohl angesehen und wird nicht selten als eine Art Konkubinat betrachtet, was eine zusätzliche Quelle der Irritation bedeutet. Ninon bittet Hesse also darum, die Ehefrage zu überdenken. Der ist jedoch von den bisherigen Erfahrungen derartig traumatisiert, dass ihm eine dritte Eheschließung gegen seinen Willen als sicherer Weg in die Katastrophe erscheint, und es gibt eine Reihe von verletzenden und demütigenden Zurückweisungen. Das Angebot H. C. Bodmers, Hesse ein Haus im Tessin nach seinen Wünschen zu bauen und zu schenken, bringt schließlich die Wende. Hesse ist erfreut, aber auch besorgt; in dem Haus soll ihm auf seinen eigenen Wunsch auf Lebzeiten Wohnrecht eingeräumt werden, dennoch verärgert es ihn, dass er nun, in zwar voneinander getrennten Wohnungen, noch näher an Ninon heranrückt. Die Ehefrage stellt sich damit erneut, und diesmal muss er nachgeben, denn ihr Zusammenleben ist jetzt nicht mehr nur eine Frage loser Künstlermoral, sondern bekommt einen die Gesellschaft herausfordernden Anstrich. Alle Freunde reden Hesse gut zu, vor allem die Hausbesitzer; für sie gilt nämlich, dass sie sich nach dem ‚Kuppelparagraphen' strafbar machen können, was für die altehrwürdige Familie der Bodmers, sie stammen von dem berühmten Schriftsteller J. J. Bodmer ab, nicht akzeptabel sein kann. Hesse heiratet, nachdem Ninon endlich von Dolbin geschieden ist – aber er verbirgt seine Verärgerung nicht.

Hesse mit seinen Freunden und Unterstützern Fritz Leuthold (li.) und H. C. Bodmer (re.) bei der Einweihung des neuen Hauses

Hesse um 1932

Projekte

Die entscheidende Aufgabe am Beginn der Dreißigerjahre ist zweifellos die Verbindung der künstlerischen Existenz mit dem lebensweltlichen Neubeginn in der Ehegemeinschaft mit Ninon in dem zweiten selbst entworfenen Haus seines Lebens, der Casa Rossa. Doch trotz der äußerlich guten Bedingungen fällt der Dichter erneut in eine Lebenskrise, oder besser: Es gelingt ihm auch jetzt nicht, sich aus dem System von körperlichen und seelischen Beschwerden, von den Zumutungen des Alltagslebens und zahlreichen Unzuträglichkeiten zu befreien. Dazu zählen vor allem die Probleme mit dem neuen Arbeitsprojekt, dem *Glasperlenspiel*, dessen Thema ihm zwar einigermaßen deutlich ist, das sich aber dem Zugriff des Autors noch entzieht. Zwischen dem Abschluss einer Arbeit und dem Beginn eines neuen Projekts häufen sich erfahrungsgemäß seine Empfindlichkeiten und Launen. Die Bilder zeigen ihn dann auch in einer ernsten und ruhigen Haltung, die gleichwohl einen Einblick in seine tiefere Gemütsverfassung erlauben. Der offen-ungebundene Kragen signalisiert dabei zwar eine geöffnete Perspektive nach vorn, der Gesichtsausdruck zeigt jedoch unterdrückte Schmerzen und ein beharrliches Unwohlsein.

Unfreier Leser

Auch das ‚Lesebild' präsentiert einen Menschen, der ruhig, aber keinesfalls entspannt wirkt. Anfang der 1930er Jahre ist der Schriftsteller in der Mitte seines sechsten Lebensjahrzehnts, und auch wenn er damit noch nicht als alt gelten kann, spürt er, dass er seine kreativen Kräfte nicht mehr in dem Maße kontrollieren kann, wie er es gewohnt ist. Noch kann er offensichtlich Briefe lesen – 15 Jahre später verbietet der katastrophale Zustand seiner Augen derartige Lektüre weitgehend. Dennoch versucht er mit Ninons Hilfe, alle Briefe, die ihn erreichen, zu lesen und womöglich auch zu beantworten.

Hermann Hesse, 1934

Schreibmaschine

Es darf bezweifelt werden, dass das Photo den Autor tatsächlich bei der Niederschrift seines letzten Romans zeigt – mit festem Schuhwerk und im Anzug. Wahrscheinlich ist die Aufnahme, wie viele Aufnahmen, gestellt. Wichtiger scheint aber die Schreibmaschine zu sein, die er tatsächlich in dieser äußerst unvorteilhaften Position benutzt. In diesen Jahren beginnen Gicht und Arthrose sich wieder verstärkt bemerkbar zu machen, und die Schreibmaschine wird für ihn zunehmend die bevorzugte Art und Weise, sich schriftlich auszudrücken. Hesse beginnt seine Schreibkarriere mit der ‚deutschen Schrift', also der seit dem 18. Jahrhundert gültigen Kurrentschrift, die erst 1928 durch die ähnliche ‚Sütterlinschrift' ersetzt wird. Alle Texte in den anderen modernen Fremdsprachen, vor allem aber die in Latein, werden dagegen in der auch heute gebräuchlichen Antiquaschrift geschrieben und gedruckt. Da die Kurrentschrift sehr lange auf Bandzug- bzw. Spitzfedern angewiesen ist, die ein ungleichmäßiges Schriftbild produzieren können, wird beim Schreibunterricht der Schulkinder besonders auf eine saubere Handschrift geachtet, weil es auch bei amtlichen Dokumenten nur Handschriften gibt, deren Text eindeutig sein muss. Erst mit der Einführung der Gleichzugfeder ändert sich das, worauf die Sütterlinschrift Rücksicht nimmt.

Hesse schreibt, wie auch Thomas Mann, der das einzige Exemplar der *Buddenbrooks* noch als Handschrift an den Verlag schickt, zunächst Kurrentschrift, übernimmt aber später die Antiqua auch für deutsche Texte. Trotz seiner seelischen Krisen gelingt es ihm fast durchgehend, eine gut lesbare und gleichmäßige Handschrift beizubehalten; nur bei flüchtigen Notizen, während der ersten Jugendkrise und bei ungünstigen Schreibvoraussetzungen finden sich Abweichungen. Darin gleicht er Goethe, der auch als ‚Stürmer und Dränger' so sauber schreibt wie der Geheimrat in seinen amtlichen Schriften. Die oft unerträglichen Schmerzen und die durch die Gicht hervorgerufene Unbeweglichkeit der Finger zwingen ihn jedoch mehr und mehr dazu, auch für Briefe und kurze Mitteilungen die Schreibmaschine zu nutzen.

Hesse während der Niederschrift des „Glasperlenspiels", 1937

Hesse mit seinem Sohn Martin, 1937

Erlaubte Nähe

Martin Hesse (1911–1968) ist der jüngste der drei Söhne des Dichters, und er ist vor allem in jungen Jahren ein Problemkind: Von Geburt an leidet er unter nervösen Störungen, und die notwendige Betreuung droht die Familie zu zerreißen, weil Hesse sich mit den Problemen seines Kindes schnell überfordert fühlt. Er kann sich offenbar nicht auf seine Arbeit konzentrieren, sodass entweder er selbst das Haus verlässt oder Martin auswärts untergebracht werden muss. Das Kind erbt von Vater und Mutter eine Neigung zu Depressionen und nervösen Empfindlichkeiten, und so wiederholt sich die Familiensituation, die Hesse selbst als Kind traumatisch bedrückte: Auch Martin sieht sich als Grund für das Leiden des Vaters und die Störung des Familienfriedens und muss es sich gefallen lassen, zeitweise von den Eltern getrennt zu werden. Hesse hat aus seinen eigenen Erfahrungen allerdings keine anderen erzieherischen Konsequenzen gezogen als sein eigener Vater.

Die Mutter Maria ist für ihre Kinder allerdings ein Segen; sobald sie kann, holt sie sie aus den Pflegestellen auch für nur kurze Zeit ins Haus zurück und ist besonders um ihren Jüngsten besorgt, der spezielle Aufmerksamkeit verdient. Doch das Bild von Hesse als Rabenvater täuscht, denn, abgesehen von den Notwendigkeiten seiner Arbeit, sorgt er sich liebevoll um seine Kinder. Dabei entwickelt er gerade zu Martin, der sich nach einer Architekturausbildung der Photographie widmet, ein inniges Verhältnis, das auch von der vertraulichen Zuneigung seines Sohnes gefördert wird. Vielleicht akzeptiert Hesse seinen Sohn als jungen Erwachsenen mehr als in den früheren Jahren, weil er jetzt ihre Ähnlichkeit als gemeinsames Band betrachtet. Tatsächlich scheint er gegenüber seinen Kindern im späteren Leben eine besondere Nähe zuzulassen, die sich bei Martin neben einem bemerkenswerten Briefwechsel auch darin äußert, dass er die nötige Gelassenheit aufbringt, die für einen natürlichen Ausdruck bei Photoaufnahmen auch aus geringer Distanz nötig sind. Das Bild von Hesse mit seinem Sohn Martin, dem wir den weitaus größten Teil der Aufnahmen nach 1931 verdanken, zeigt zumindest eine natürliche und vertraute Nähe, die bei ihm sonst eher selten zu beobachten ist.

So lassen sich auch die anderen Bilder erklären, die den Autor Anfang der Dreißigerjahre entspannt zeigen: Sie sind oftmals in der offenen Natur oder im Garten aufgenommen, etablieren also eine Distanz zu den gespannteren Verhältnissen im Haus, die mit den Notwendigkeiten der Arbeit, der Korrespondenz und dem ab 1933 stark anschwellenden Besucherstrom assoziiert werden. Doch auch bei diesen Beispielen eines freundlichen und ruhig-besonnenen Autors scheint hinter dem Lächeln immer eine leise Melancholie durch, die daran erinnert, dass Krisen und Leiden das Normale in seinem Leben sind.

Hesse 1935

Im Auge des Sturms

Mit der Machtergreifung der Nationalsozialisten ändert sich auch für den Schweizer Dichter sein Leben, denn dass die Schweiz als einziges Land von der Okkupation durch das Deutsche Reich verschont bleiben würde, kann in den 1930er Jahren niemand wissen, und so bereitet sich die Eidgenossenschaft auf das Schlimmste vor. Zunächst hat das nur wenige Auswirkungen. Bis zur großen Landesausstellung 1939, die das Land in seiner Einheit und Entschlossenheit zur Landesverteidigung präsentieren soll, sind die Einschränkungen im gesellschaftlichen Leben noch erträglich – mit dem Beginn des Zweiten Weltkriegs ändert sich das dann entschieden. Für Hesse sind es jedoch zwei Entwicklungen, die ihn sofort schwer treffen: Zum einen muss er damit rechnen, seine reichsdeutsche Leserschaft zumindest teilweise zu verlieren, und auch der ohnehin schwierige Geldtransfer unter den beiden Ländern würde sich nicht zu seinen Gunsten entwickeln; zum anderen ist es der Strom der vor den Nationalsozialisten Flüchtenden. Der Autor macht aus seinen nazifeindlichen Ansichten kein Geheimnis, aber er beugt sich den Anordnungen der Schweizer Regierung, das nationalsozialistische Deutschland nicht durch offene und aggressive Kritik zu Gegenmaßnahmen zu reizen. Thomas Mann hält die Distanz zur literarisch-politischen Emigrantenszene nur einige Jahre durch, bis er, auch auf Druck der eigenen Familie, seine Solidarität mit der Emigration erkennen lässt – und kurz darauf in die USA auswandert und dort ungesäumt Einbürgerungsanträge für sich und seine Familie stellt. Das kommt für Hesse nicht infrage, der seine deutschsprachige Leserschaft, die ihm als Quelle der Anerkennung und Resonanzpartner dient, unbedingt erhalten will. Als die Nazis den Fischer-Verlag schließlich zerschlagen, darf der Verlag mit einigen Autoren seine Arbeit im Ausland fortführen, andere Autoren, unter ihnen auch Hesse, müssen aber bei dem Nachfolgeverlag, der von Peter Suhrkamp geleitet wird, bleiben. Anders als sein Freund Thomas Mann bleibt Hesse dann bei Peter Suhrkamp, als Gottfried Bermann Fischer, der Schwiegersohn des 1934 verstorbenen Samuel Fischer, nach Kriegsende den alten Verlag wiederherstellen will. Hesse ist von tiefer Loyalität zu dem von den Nationalsozialisten fast bis zum Tode gequälten Suhrkamp erfüllt, der sich in aufopferungsvoller Weise um sein Werk bemüht. Er empfiehlt dem vom Tode gezeichneten Verleger als Mitarbeiter einen jungen Mann, der in Tübingen gerade eine Dissertation über Hesse verfasst hat: Siegfried Unseld wird schließlich als Nachfolger von Suhrkamp der wirkungsmächtigste deutsche Verleger der Nachkriegszeit – und Hesse einer seiner Starautoren und unfreiwilliges Mitglied der „Suhrkamp Culture", die die intellektuelle Szene ihrer Zeit nachhaltig prägt.

Hesse im November 1934

Hesse im Sommer 1935

Hesse 1935

Über den Wolken

Obgleich Hesse der modernen Mobilität und vor allem dem Automobil kritisch gegenübersteht, ist er dem Reisen im Flugzeug nicht abgeneigt. Wie einer seiner Lieblingsautoren, Jean Paul, kennt er das erhebende Gefühl, die Landschaft aus der Höhe zu betrachten, und er weiß die Verkürzung der Reisezeit durch das Flugzeug sehr zu schätzen, weil ihm mit zunehmendem Alter lange Reisen immer mehr zu schaffen machen. 1928, auf einer Reise mit Ninon, die ihn bis in das ungeliebte Berlin führt, entscheidet er sich kurzfristig für das Flugzeug bis Stuttgart für die Rückreise in die Schweiz. Er verbringt überraschenderweise zwei Wochen ohne Ninon in der Reichshauptstadt, in der er niemanden trifft und dort völlig inkognito lebt. Sie fährt von Berlin aus sofort nach Paris weiter, während er weder die französische Hauptstadt, London, Rom, Belgien, die Niederlande, Polen, Spanien, Portugal oder gar die USA jemals zu Gesicht bekommt. In Berlin absolviert er ein selbst auferlegtes, verkürztes Touristenprogramm, aber die Stadt kann ihn erwartungsgemäß nicht begeistern. Das lässt sich jedoch eher Hesses Besuchsintention als dem mangelnden Charme der Metropole zuschreiben, denn er will sich bei einem Spezialisten einer Vasektomie unterziehen. Hesse will mit Ninon keine weiteren Kinder, und sein Klinikaufenthalt wäre kaum geheim zu halten, wenn er seine Anwesenheit öffentlich machen würde. Erschöpft von dem Eingriff und der kurzen Erholung, greift er daher gerne auf die Erleichterungen einer Flugreise zurück.

1936, als er mit seinem Freund Fritz Leuthold auf seinen Abflug wartet, ist er wiederum aus Gesundheitsgründen zu seinem vertrauten Augenarzt in Bad Eilsen unterwegs. Neben politischen Bedenken mögen die Unwägbarkeiten der anstehenden Behandlung der Grund für seinen Wunsch nach schnellstmöglicher Rückkehr aus Nazideutschland gewesen sein.

Hesse mit Fritz Leuthold auf dem Flughafen Dübendorf, 1936

Selbsttherapie

Seit der psychotherapeutischen Behandlung bei J. B. Lang in den Jahren des Ersten Weltkriegs nutzt der Autor das Malen als die vielleicht wirksamste Therapie gegen seine seelischen Beschwerden. Auf die Frage, warum er denn schreibe, antwortet er, dass man ja nicht den ganzen Tag malen könne, und tatsächlich ist für ihn die Nebenkunst der Malerei eine sehr effektive Maßnahme, um Distanz zu den Zumutungen des Alltags zu gewinnen und zur Ruhe zu kommen. Hesse ist sein ganzes Leben lang mit vielen Künstlern, von denen er viel lernt, gut befreundet. Da er weiß, dass seine Produkte höheren künstlerischen Ansprüchen nicht genügen, steht er nicht in Konkurrenz mit anderen und muss sich nicht wie bei seiner literarischen Arbeit selbst unter Erfolgsdruck stellen. Dabei sind seine Arbeiten in ihrer Thematik, modernen Kompositionsweise und lebendigen Farbigkeit zumeist sehr gelungen, und sie sind durchaus geeignet, kommerziell verwertet zu werden. Gleichzeitig erlauben sie, vor allem in den Zwanzigerjahren, tiefere Einblicke in die parallele literarische Produktion. Hesse erkennt schon um die Jahrhundertwende, dass originale Handschriften von Autoren einen Eigenwert haben. Besonders, wenn sie durch Zeichnungen, Illustrationen oder Skizzen bereichert sind, und er beginnt, illustrierte Handschriften von kurzen Texten herzustellen, die er an Freunde verschenkt, aber auch an Interessenten verkauft. So kann er schon früh auf zusätzliche Einnahmen durch seine bildkünstlerische Arbeit vertrauen, die ihm mit weiter fortschreitenden professionellen Fähigkeiten auch als Dank und Erwiderung für Hilfsleistungen und Einladungen seiner Verehrer und Gönner dienen. Heute sind sie, oft weit über ihren künstlerischen Wert hinaus bezahlt, selten gewordene Sammlerobjekte, die den Besitzern ein wenig von dem Charisma des Künstlers vermitteln können.

Hesse beim Aquarellmalen, 1937

Hesse 1943

Hesse rauchend, 1937

Leichtgewicht

Von 1932 an arbeitet der Autor, immer wieder von schweren Depressionen geplagt sowie durch die ausufernde Korrespondenz und die Hilfe für die Geflüchteten behindert, an seinem letzten und bedeutendsten Roman *Das Glasperlenspiel*. Elf Jahre braucht er für dessen Vollendung, von den frühen Orientierungsschwierigkeiten über mehrere strukturelle Varianten bis zum großen, an Goethes „Entsagung" erinnernden Finale. Der Roman kann unter den Nazis in Deutschland nicht erscheinen, er wird 1943 in der Schweiz veröffentlicht und 1946, im Jahr des Nobelpreises, dann auch im Suhrkamp Verlag, der damals noch in Berlin war.

Hesses Arbeit an dem Roman gestaltet sich über weite Strecken als Qual, die zeitweise flüssige und resonante Produktion früherer Texte ist nicht nur wegen seiner Augenbeschwerden, Gicht und Arthrose, die die Hände fast lähmen, längst vorbei. Es sind die gleichzeitigen furchtbaren politischen Entwicklungen, die seine Konzeptionen immer wieder unterminieren und ihn zu Änderungen zwingen. Erst 1938 beginnt die Phase versammelter, wenngleich nicht ununterbrochener Niederschrift, die schon ein Jahr später durch den Kriegsbeginn überschattet wird. Der Autor zeigt sich auf der Aufnahme des Jahres 1943 auch äußerlich als mitgenommen und am Ende seiner Kräfte; er wiegt nur noch 51 kg und ist damit kaum schwerer als Ninon. Seit seiner Kindheit ist Hesse von augenfällig asketischer Gestalt. Während seiner seelischen und körperlichen Leidensphasen verliert er weiter an Gewicht, weil er zunehmend Verdauungsbeschwerden hat, die ihn auf eine strenge Diät von leicht verdaulichen Lebensmitteln und Schleimsüppchen reduziert.

Erreichtes Leben

Der einsame Wolf

Als Hesse den *Demian* veröffentlicht, wählt er ganz bewusst ein Pseudonym, um nicht durch seine Verfasserschaft den Roman zu beschädigen; der Vierzigjährige will nicht mehr vor dem Hintergrund seiner frühen Werke als ‚alter Onkel' wahrgenommen werden. Er wendet sich ganz entschieden an eine jüngere, durch den Ersten Weltkrieg geprägte Leserschaft, die sich dem etablierten ‚Unterhaltungsschriftsteller' Hesse nicht intuitiv zuwenden würde und seinen künstlerischen Ausdruckswillen missverstehen könnte. Das Image des freundlichen, etwas esoterisch angehauchten älteren Herrn will er abstreifen und zu den essenziellen, wahren Problemen der Zeit durchstoßen. Das gelingt ihm tatsächlich, vor allem mit den großen Erzählungen bis zum *Siddhartha* und dem *Steppenwolf*. Der Preis, den er dafür zahlt, ist allerdings hoch: Hinter der Maske des feinfühligen bürgerlichen Erzählers zeigt sich ab 1917 der exaltierte Künstler, der, innerlich zerrissen, seiner Angst und seinem Hass eine Stimme gibt. Der Dichter zeigt in diesen Jahren sein nacktes Herz, und er folgt damit einer lang bestehenden Überzeugung von der notwendigen Unmittelbarkeit der Kunst, wenn sie sich nicht in rhetorischen und formalen Formeln verlieren will. Diese radikale Perspektive ist aber auch die Fortsetzung seiner seelischen Leiden, deren explizite Darstellung in seinen Werken, vor allem aber in seinen Briefen und persönlichen Mitteilungen, bis an sein Lebensende eine prominente Rolle spielen wird. Immer stärker verbindet er seine Ablehnung der bürgerlichen Welt, des bewusstlosen Verbrauchs der Dinge sowie der manifesten politischen Korruption und Bestialisierung der menschlichen Beziehungen mit seinen Depressionen. Dabei verschlechtert sich sein Zustand mit der zunehmenden Ausweglosigkeit der Menschheitsgeschichte, wie er sie in der Nazi-Herrschaft und dann im Weltkrieg erlebt; aber auch die erschütternde Schuldabwehr und die larmoyante Selbstgerechtigkeit der befreiten Deutschen, die sich als unschuldige Opfer betrachten, machen ihm viel zu schaffen.

Hesse in Marin, Januar 1947

Zusammenbruch

Die zunächst ‚unproduktiven' Jahre ab 1931 lassen dabei ein Vakuum entstehen, das von immer furchtbarer werdenden Ereignissen gefüllt wird und das letztlich auch durch die Arbeit am *Glasperlenspiel* nicht positiv gefüllt werden kann. Angesichts des Zivilisationsbruchs, der sich vor seinen Augen abspielt, wird ihm deutlich, dass es sich nicht um unangenehme geschichtliche Entwicklungen handelt, die man gegebenenfalls verdrängen kann, sondern um geradezu apokalyptische Bedrohungen einer bislang ungeahnten Dimension. 1946 ist er mit seinen Kräften am Ende: Er kann weder die Ablehnung noch die Bettelbriefe aus Deutschland weiter ertragen, noch ist er den persönlichen Ansprüchen in seiner direkten Umgebung gewachsen, und er zieht sich für ein halbes Jahr in eine Klinik zurück, die niemand mit ihm assoziiert, um wirklich ungestört zu bleiben. Er geht nach Préfargier in Marin am Neuenburger See und schließt sich von der Welt ab.

Kaum angekommen, erreicht ihn nach zwei Wochen die Nachricht von der Verleihung des Nobelpreises, aber statt Begeisterung oder Freude ruft die Würdigung seines Lebenswerks bei ihm nur Verärgerung hervor. Nur wenige Monate zuvor stört schon der Frankfurter Goethepreis seine fragile Ruhe, und seine innere Ablehnung des weltweit bedeutendsten Literaturpreises findet harte Worte, die dem Nimbus der internationalen Ehrung nicht gerecht werden; schließlich nimmt er alle diese Preise an, aber eine persönliche Entgegennahme lehnt er in allen Fällen kategorisch ab.

Die Aufnahme aus Marin ist im Umfeld der Bekanntgabe des Nobelpreises entstanden, und wohl niemand sonst als sein Sohn Martin hätte sie machen können, zu sehr ist sein Wunsch nach Abstand von der Welt ausgeprägt. Das Photo zeigt ihn als einen Schriftsteller, der kritisch und skeptisch in die Kamera blickt und zu fragen scheint, auf welche weiteren Zumutungen er gefasst sein muss: Er empfindet die Wirklichkeit überwiegend als permanente, aggressive Herausforderung und Beeinträchtigung seiner Existenz. Dabei verrät sein Blick vor allem Wachsamkeit und Vorsicht; doch zeigen sich neben dem Ernst und der Distanz im Gesamtausdruck des Gesichts auch eine Resonanzoffenheit, die er als wichtigstes Element seiner *vita solitaria* grundsätzlich aufrechterhält, und ein Gefühl der vollen Wertschätzung seiner selbst als Mensch und Künstler. Hesse weiß, wer er ist, und die Ehre, die ihm für sein künstlerisches Werk erwiesen wird, bestätigt sein Selbstbild. Keine Sekunde zweifelt er an der Berechtigung der Preisverleihung – er ist des Nobelpreises würdig.

Hesse in Marin, 1947

Hesse mit seiner Schwester Adele in Montagnola, ca. 1937

Die ideale Frau

Hesse hat zu allen seinen Geschwistern ein gutes, wenngleich phasenweise etwas distanziertes Verhältnis: Sein jüngerer Bruder Hans, wie er selbst psychisch labil und depressiv, leidet an Wahnvorstellungen und hält Abstand zu dem berühmten Bruder, mit dem er nicht in Verbindung gebracht werden will. Obgleich beide in der Schweiz leben, sehen sie sich selten, Hans empfindet den Bruder als entfernt. Als ihn berufliche Sorgen plagen, macht ihm Hermann Hesse das Angebot, bei der Suche nach einer anderen Arbeitsstelle behilflich zu sein. Er wird jedoch seiner Angst nicht mehr Herr und begeht 1935 Selbstmord. Hesse ist erschüttert; er selbst nutzt die Möglichkeit des Suizids sein ganzes Leben lang als Seelenmedizin und als Drohung in Zeiten großen seelischen Leidens, der Bruder benötigt, wie er in seinen *Erinnerungen an Hans* schreibt, nur ein Messer, um sein Leben zu beenden. Hesse selbst wird deutlich älter als alle engeren Familienangehörigen seiner Generation, und er überlebt sie alle.

Mit den Schwestern Marulla und vor allem der zwei Jahre älteren Adele verbindet ihn allerdings eine enge geschwisterliche Freundschaft. Beide Schwestern verbringen viel Zeit mit der Pflege der Eltern, sie stehen aber auch in dauerndem Kontakt mit dem Bruder. Vor allem Adele ist für ihn wichtig, denn sie ist durch eine in der Familie ungewöhnliche Ausgeglichenheit des Gemüts gekennzeichnet. Hesse bezeichnet sie in seinem Aufsatz *Gedenkblatt für Adele* 1949 als seine „dauerhafteste Liebe", und aus seiner Beschreibung wird deutlich, dass sie fast als Beispiel für eine ideale Lebenspartnerin gelten kann, denn sie teilt mit dem Dichter die enge Bindung an die Eltern und die Erfahrungen von Kindheit und Jugend, der Heimatstadt und des Missionsmilieus. Mit ihr versteht er sich blind, keine Erklärungen oder Absprachen, keine ‚Hausbriefe' wären nötig, denn Adele braucht keine Einweisungen, weil sie ihren Bruder genau kennt. So ist sie in vielen Dingen Hesses Ehefrauen überlegen, und dem Autor muss eine gemeinsame geschwisterliche Haushaltsführung manchmal durch den Kopf gegangen sein, wie sie im 19. Jahrhundert vor allem in geistlichen Haushalten, aber auch bei Schriftstellern nicht unüblich gewesen ist (etwa bei E. Mörike, C. F. Meyer). Tatsächlich ist das nur ein verzerrtes Wunschbild, denn Hesses freizügiger Lebenszuschnitt und seine sprunghaften und oft cholerischen Stimmungen geben keine gute Grundlage für ein derartiges Leben ab. Vor allem aber kann Adele die wichtigste Funktion Ninons, diejenige als Gesprächspartnerin und Anregerin wie auch die als Geschäftsführerin der literarischen Belange des ‚Großschriftstellers' Hesse, nicht ersetzen. Er mag es vielleicht nicht gerne hören, aber er weiß es schon seit Langem: Er kann auf Ninon nicht mehr verzichten, und weil ihn die wachsende Abhängigkeit stört, lässt er sie das gelegentlich spüren. Seine Ansprüche auf ihre helfende Anwesenheit werden zuweilen immer tyrannischer, und Ninon steht zeitweise am Rande des Suizids. Sie braucht genau das zum Leben, was Hesse wie die Pest meidet – Welterfahrung, Reisen, Menschen.

Resonanz und Dissonanz

Mit den Literaturpreisen wächst die Flut der Briefe, die ihn erreichen, noch einmal deutlich an, und damit auch die Aufgabe ihrer Beantwortung. Hesse will die Briefgrüße grundsätzlich beantworten, aber mit einem Sekretär kann er aus psychologischen Gründen nicht arbeiten. Allerdings ist es auch mit Ninon nicht einfach, denn nachdem sie ein paar Briefe gelesen und beantwortet haben, braucht er eine Pause. Es ist jedoch ihre Aufgabe, intuitiv zu erraten, wann Hesse weiterarbeiten will; kommt sie zu früh oder zu spät, droht „Toben". Kein Wunder, dass sie neben der Gartenarbeit die Briefarbeit nur ungern in Angriff nimmt.

Um diese Arbeitslast, die ihn ja ebenso betrifft, zu verringern, geht Hesse zeitweise dazu über, gemeinsame Fragen und Themen zahlreicher Briefe in der Form von Zeitungsartikeln, die er „Briefmosaik" nennt, zu beantworten. Leider fällt dabei das Schmiegsame der individuellen Briefantwort fort, und die nicht selten kritischen Anmerkungen, die er macht, finden deutlichen Widerspruch, sodass dieser Versuch bald aufgegeben werden muss. Da sind Vordrucke mit einem Standardtext zumeist anlässlich von Glückwünschen hilfreicher, aber sie reduzieren die Brieflast nur bei bestimmten Gelegenheiten. Das Problem bleibt; dabei verfährt der Autor mit der Registrierung seiner Briefe äußerst sorglos – erst Ninon beginnt, sie in Abschriften zu erhalten und systematisch zu sammeln. 1951 gibt sie zusammen mit Hesse die erste Sammlung seiner Briefe heraus, die allerdings alles Persönliche ausklammern soll. Die Sammlung wird später um weitere Briefe ergänzt und wächst auf den doppelten Umfang an. In den 1980er Jahren erscheint schließlich eine vierbändige Auswahl aus den etwa 30.000 Briefen als Ergänzung von Volker Michels, dem Herausgeber seines Gesamtwerks, der seit 2012 auch eine zehnbändige Briefedition herausgibt.

Ninon erwirbt sich allerdings nicht nur große Anerkennung durch ihre Sammlung und Verwaltung von Hesses Nachlass, den sie schließlich dem Deutschen Literaturarchiv Marbach übergibt, sondern auch durch eine anfangs eher unscheinbare Sammlung von Familienpapieren, Briefen und Dokumenten, die sie zusammenstellt und umfangreich kommentiert. *Kindheit und Jugend vor Neunzehnhundert 1877–1895* erscheint kurz vor ihrem Tod 1966; erst 1978 veröffentlicht G. Kirchhoff auf Grundlage von Ninons Vorarbeiten den zweiten Band der Sammlung mit Zeugnissen von 1895–1900. Die in diesen Bänden detailreich dokumentierte Jugendgeschichte des Dichters, vor allem seine radikale Adoleszenzkrise, ermöglicht es überhaupt erst, Hesse als Mensch und Dichter adäquat zu verstehen.

Hesse am Schreibtisch, 1952

Hesse in Bremgarten, Juni 1951

Drei Gesichter

In den Fünfzigerjahren stabilisiert sich Hesses Lebenssituation: Die teilweise chaotischen Zustände der unmittelbaren Nachkriegsjahre sind vorüber, der Kalte Krieg dominiert die Welt in geographischer, politischer und intellektueller Hinsicht.

Hesse beobachtet die Entwicklung, ohne jedoch intensiv davon berührt zu werden; als Schweizer hält er Abstand von den Konfliktparteien, ohne jedoch seine Meinung zu verbergen: Er ist überzeugter Pazifist, aber vor allem ein scharfer Zivilisationskritiker, der nur widerwillig moderne Entwicklungen und die Errungenschaften der Technik akzeptiert. Diese eher konservative Kulturkritik hat ihren Grund in seiner geistigen, künstlerischen und emotionalen Heimat im späten 19. Jahrhundert, das ihm in den Jahren vor 1900 ein intellektueller Schutzraum angesichts der tiefgreifenden Lebenskrisen seiner Jugend ist. Am Ende der 1920er Jahre steht für ihn zumindest eines fest: Ein erträgliches Leben ist nur in der Abwendung von der Welt möglich. Leider lässt sich aber die Welt mit ihren Zumutungen auf Dauer nicht ausschließen, sie konfrontiert den Autor mit immer erneuten Anforderungen, denen er sich auch stellt und die er unter großen Opfern und Leiden bewältigt, denn neben seinem Wunsch, der Welt zu entsagen, steht seine Sehnsucht nach Resonanz und Anerkennung. Dieser Widerspruch von Distanz- und Resonanzbegehren entsteht jeden Tag seines Lebens erneut und strukturiert seine Existenz, denn Hesse verbindet seine Ablehnung der modernen Zivilisation mit den Konjunkturen seiner psychischen Leiden, und so sind auch die alltäglichen Bruchlinien selbst seiner engsten persönlichen Beziehungen wie eine nicht verheilende Wunde. Das gilt zunächst für Ninon, denn sie ist ihm gleichzeitig Instrument und Hilfe bei seiner resonanzoffenen Weltbewältigung wie auch Widerstand bei den resonanzgeschlossenen Bemühungen um Rückzug und heilende Isolation. Wie auch bei Goethe spielt für ihn die ‚Sorge' eine große Rolle – einerseits ist sie als lebensweltlicher Komplex von Sorgen ein unablässig schmerzender Dorn, der Körper und Seele verletzt. Andererseits liegt in der weiteren Bedeutung des ‚Sich-um-andere-Sorgens' die Aufforderung und das Versprechen resonanten Handelns, das auch Anerkennung begründet. Diese Konstellation dominiert die späten Jahre des Dichters, in denen er außerhalb der enormen Korrespondenz nur noch selten etwas schreibt. Vor allem stellt er sich auch mit der emotionalen Verknüpfung der Zumutungen der Realität mit seinen seelischen Leiden eine Falle, aus der kein Entkommen möglich ist, denn er empfindet die Wirklichkeit der Welt als zunehmend belastend.

Die drei zusammengehörigen Aufnahmen zeigen Hesse in gelöst-gehobener, in freundlich-zugewandter und in nachdenklicher Pose, und sie entsprechen damit einer Stimmung der zumindest vorübergehenden Sorglosigkeit. Hesse verbringt jedes Jahr eine gewisse Zeit bei den befreundeten Wassmers auf deren Anwesen in Bremgarten, wo er sich wohl fühlt. Der 73-Jährige, kurz darauf wird er 74, zeigt sich entspannt, seiner selbst sicher und vor der Welt bewahrt – zumindest für den Moment.

Bedenklich …

… aber auch spöttisch, Hesse in Montagnola, Juni 1951

Im September 1952

Auf dem Balkon

Es gibt eine Reihe von Balkonphotos von Hesse, der bekennt, in seinem Leben immer schön gewohnt zu haben; vor allem der Balkon in der Casa Camuzzi bietet sich an, weil er einen bemerkenswerten Ausblick in die reizvolle Umgebung bietet. Der Außenbereich der Casa Rossa ist nicht erhöht und daher weniger spektakulär, aber er eignet sich dennoch gut für Aufnahmen wie diese hier. Hesse ist kurz zuvor 75 Jahre alt geworden, und die Beantwortung der umfangreichen Gratulationspost liegt gerade hinter ihm. Er wirkt auf den Bildern weniger entspannt als ein Jahr zuvor, die Anstrengungen der letzten Wochen sind noch sichtbar. Über die Jahrzehnte kultiviert er eine Mimik, die ein treuer Spiegel seiner manchmal schnell wechselnden Stimmungen ist: Sein Mund changiert zwischen Skepsis, Amüsement und distanzierter Gelassenheit und hält alle diese Stimmungen in einer simultanen Schwebe, die bei den Betrachtenden die Frage entstehen lassen, ob sich nicht plötzlich eine ganz andere Situation ergeben könnte. Auch wenn die Zeichen von Erschöpfung unübersehbar sind, das Gesicht ist ganz wach.

Alter

Man sagt, Hesse sei früh gealtert, sei dann aber fast alterslos geblieben. Das mag für die mittleren Jahre stimmen, aber die späten Aufnahmen zeigen, wie sein Gesicht, das sich tatsächlich nur unwesentlich ändert, im Detail doch das voranschreitende Alter deutlich macht. Freundlich-gelöst und skeptisch ist die Pose, die er wählt, wie fast immer. Hesse ist für Photographen kein dankbares Objekt, denn er neigt in seinen früheren Jahren gelegentlich zu extremen Haltungen, grundsätzlich ist es zudem schwierig, ihn in einem unbeobachteten Moment abzulichten, denn wenn er für ein Porträt ‚sitzt', hat er seine Haltung immer unter Kontrolle. Zumeist mischt er Distanz, Skepsis und Offenheit, manchmal dominiert auch eine Stimmung. Die Photos hier ähneln denen von 1952, aber sie zeigen gerade bei der gleichen Pose, dass die Zeit ihre Spuren in seinem Gesicht hinterlassen hat. Im Vergleich dazu erscheint er auf der Aufnahme 1947/48 versammelter und spannungsvoller, weniger gelöst als in den Aufnahmen sieben Jahre später: Mitte der 1950er Jahre scheint ihm erstmals die Herrschaft über das Alter zu entgleiten.

Porträt, 1955

Porträt, 1955

Hesse vor der Casa Rossa, um 1947/48

In Sils Maria, 1945

Vogel

‚Vogel' ist eine Bildchiffre für Hesse, die dem Dichter gefällt, weil sie auch seiner Hochschätzung für die Rolle des Vogels in mythologischen Kontexten entspricht. Er unterzeichnet seine schriftlichen Mitteilungen an Ninon mit dieser Chiffre, die er auch als Thema für eine Märchenerzählung mit dem Titel *Vogel* anlässlich von Ninons 38. Geburtstag 1933 nutzt. Mit Zeichnungen des befreundeten Künstlers Gunter Böhmer versehen, schenkt er ihr die Handschrift zum Geburtstag.

Hesse schreibt auch für seine früheren Ehefrauen Märchenerzählungen: *Iris* für Maria und *Piktors Verwandlungen* für Ruth, und in allen werden seine Selbstbilder gegen die literarisch verfremdeten Entwürfe seiner Existenz gehalten. Allerdings protestiert Ninon gegen eine Passage in *Vogel*, in der sie sich als Vogelfängerin, die den Zaubervogel Hesse in einem Käfig hält und domestiziert, verunglimpft fühlt. Der Autor fühlt sich missverstanden, verändert aber die Passage.

Das Photo zeigt selbst lange nach der Niederschrift des Märchens anschaulich die Ähnlichkeit von Dichter und Vogel, der im Text als unscheinbar, verstrubbelt und klein, aber mit Zauberkräften begabt, beschrieben wird.

Echo

Hesse ist ein hingebungsvoller Vater und Großvater, der sich mit seiner Familie gerne beschäftigt, allerdings gilt auch hier, dass sich die Treffen zeitökonomisch in seinen Terminplan einpassen müssen, und so trifft er regelmäßig zu den alljährlich sich wiederholenden Feiern auf seine direkte Nachkommenschaft. Er nimmt Anteil an den weltanschaulichen und künstlerischen Überlegungen seiner Söhne, berät sie in praktischen Lebensfragen und unterstützt sie sein ganzes Leben lang, was nach seinem Tod seine Witwe fortsetzt. Hesse weiß um die psychologische Problematik der Kinder von hochbegabten und bedeutenden Eltern, und er vermeidet es, seine Kinder, deren Lebenswege ebenso vielgestaltig sind wie sein eigener, in bestimmte Richtungen zu drängen. Sie sind ein mehr oder minder fernes Echo seiner selbst, das er vernimmt, aber nicht verändern kann.

Mit den Enkeln Eva und Silver während einer Wanderung im Engadin, Juli 1950

Mit seinem Enkel David, Oktober 1956

Gleichklang

Die beiden befreundeten Dichter bleiben nicht nur brieflich bis zum Tode Thomas Manns in Kontakt, sondern sie sehen sich auch in größeren Abständen persönlich. Auf dieser Abbildung könnten sie über die Gleichartigkeit ihrer späten Romane *Doktor Faustus* und *Das Glasperlenspiel* im Gespräch sein, in dem Hesse dem Freund ein Denkmal in der Figur des ‚Thomas von der Trave' setzt. Als Mann von Hesses Roman erfährt, ist er anfänglich entsetzt, weil hier große Übereinstimmungen mit seinem *Doktor Faustus* zu erwarten sind, nach der Lektüre ist er allerdings beruhigt – die Romane gehen unterschiedliche Wege zu unterschiedlichen Zielen.

Es lassen sich mit ein wenig Phantasie aber durchaus auch zwischen anderen Romanen der beiden Autoren Analogien finden, so etwa bei *Peter Camenzind/Buddenbrooks*, *Klingsors letzter Sommer/Tod in Venedig*, *Klein und Wagner/Mario und der Zauberer*, *Gertrud/Tristan* und *Der kleine Herr Friedemann*, *Siddhartha/Der Erwählte* sowie *Die vertauschten Köpfe*, *Steppenwolf/Der Zauberberg* oder bei *Narziß und Goldmund/Joseph und seine Brüder*. Sie teilen aber auch eine Reihe von Schmutzkampagnen, deren Opfer sie werden: Mann wird für seine demokratische Parteinahme in den Zwanzigerjahren ebenso angefeindet wie Hesse für seinen Anti-Nationalismus und Pazifismus, beide werden für ihre Kritik an den unbelehrbaren Nazis nach 1945 beschimpft, sie haben sogar analoge, durch den Nationalsozialismus peinlich gewordene (Ex-)Freunde – Mann ist mit Ernst Bertram, Hesse mit Ludwig Finckh befreundet.

Hesse und Thomas Mann, um 1947

Liberaler Kommunist

Seit den 1920er Jahren bezeichnet sich der Dichter gelegentlich als dem Sozialismus und Kommunismus nahestehend, wenn es da nicht die unangenehmen Schattenseiten gäbe. Diesen Selbstzuschreibungen ist allerdings nicht weit zu trauen, denn Hesse, anders als Brecht, bringt zu keiner Zeit seines Lebens die Energie auf, sich intensiv und systematisch mit der marxistischen Theorie zu beschäftigen. Vor der Russischen Revolution 1917 ist der Marxismus eine Weltanschauungslehre, die neben den Theoretikern der SPD (Bebel, Bernstein, Kautsky) nur eine relativ kleine Gruppe von ‚bürgerlichen' Intellektuellen interessiert – eine Kommunistische Partei gibt es in Deutschland ohnehin erst seit 1919. Hesses Bild vom Kommunismus ist stärker von Alltagsdiskursen und populären Schriften als von einem Studium der theoretischen Werke von Marx und Engels geprägt und dürfte auch von der in linken politischen Zirkeln herrschenden Begeisterung nach der Revolution von 1917 beeinflusst sein. Da seine Kinder, vor allem Heiner, ihren Vater immer wieder zu einer weitergehenden Unterstützung linksradikaler Politik bewegen wollen, bleibt das Thema für den Autor aber über lange Zeit virulent.

Seine Nähe zu linken Positionen ist dabei ohnehin paradox, denn Hesse steht der SPD, der stärksten und weltweit einflussreichsten sozialistischen Partei vor 1917, entschieden ablehnend gegenüber; was ihn aber nicht hindert, mit Heinrich Wiegand, einem aktiven Sozialdemokraten, einen intensiven Briefwechsel zu führen und ihn und viele andere Linke vor allem nach der Flucht aus Nazideutschland 1933 zu unterstützen.

Tatsächlich aber liegen die Wurzeln seiner ihm selbst nicht völlig bewussten politischen Werte an anderer, wenngleich nicht ganz überraschender Stelle. Seine Familie ist ihm bei der politischen Willensbildung allerdings keine große Hilfe, zu sehr steht der religiöse Bezug aller Dinge im Vordergrund der konservativen Grundhaltung. Der junge Rebell wird dadurch aber auf Sachverhalte und Personen aufmerksam, die innerhalb des Missions-Kontextes als ‚revolutionär' gelten, tatsächlich jedoch auf den südwestdeutschen Liberalismus des 19. Jahrhunderts verweisen, wie etwa auf den eine Generation älteren Conrad Haussmann, der aus einer weltoffenen linksliberalen schwäbischen Demokratenfamilie mit Traditionen bis in die 1848er Revolution stammt. Hesse begegnet Haussmann, den er als Juristen des Langen-Verlags kennt und der die dort erscheinende Zeitschrift *Simplicissimus* und ihre Herausgeber mehrmals gegen Anklagen der Zensurbehörde verteidigt, erstmals 1908 persönlich. Bald sehen sie sich als Mitarbeiter dieser Zeitschrift und des ebenfalls bei Langen erscheinenden *März*, dessen Herausgeber Hesse wird, häufiger. Beide verbindet eine grundlegende Antipathie gegen den preußischen Geist und eine Bevorzugung der süddeutschen Kultur, wie sie sich in der Zeitschrift ausdrückt. Der *März* gerät nach Albert Langens frühem Tod in Probleme, die schließlich ein junger Journalist aus

Spaziergang mit Theodor Heuss in St. Moritz, 1957

Schwaben beheben soll. Jener Theodor Heuss, ein Schüler und enger Vertrauter des liberalen Politikers Friedrich Naumann, stellt sich schon früh auf Hesses Seite, dessen völkerverbindende Bedenken er im Ersten Weltkrieg verteidigt und den er nach dem Nobelpreis für den Dichter als Vorbild und Hoffnung für die Deutschen ehrt. Haussmann, der ebenso wie Naumann und Heuss der liberalen DDP angehört, versucht mehrfach erfolglos, Hesse für eine öffentliche politische Parteinahme zu gewinnen, doch der Dichter, dessen Individualismus sich auch aus der liberalen und demokratischen Tradition herleitet, lehnt das ab. Sein Metier ist und bleibt die Literatur.

Auf der Terrasse der Casa Rossa, 1955

Milde Melancholie

Nicht immer gelingt es dem Dichter, vor der Kamera eine seiner eingeübten Posen bereitzuhalten; bei allen Menschen, die sich bewusst einer Kameralinse aussetzen, tritt automatisch eine Haltungsveränderung ein, die darauf zielt, möglichst vorteilhaft photographiert zu werden. Hesse entwickelt seine Kamerapersönlichkeit nicht nur zur bestmöglichen Selbstdarstellung, sondern vor allem zur Abwehr von unerwünschter Nähe und Indiskretion. Manchmal allerdings werden Aufnahmen möglich, die den Menschen Hesse unverstellt in einem Augenblick der Unaufmerksamkeit zeigen. Hier finden sich zwei Photos, die ihn in einer für alle Menschen typischen Situation weltabgewandten Nachdenkens zeigen: Der Autor ist auf dem ersten Bild fast spannungslos und ohne Tonus etwas in sich gekrümmt, der Blick ist, wie auf der zweiten Aufnahme, in einer unbestimmten Ferne fixiert, das Antlitz ohne festen Ausdruck – der Mensch scheint in sich völlig versammelt, nach außen vorübergehend kommunikationslos zu sein. Die dritte Abbildung zeigt dann als Kontrast, wie sich das Bild durch die bewusste Anstrengung der Aufmerksamkeit entscheidend verändern kann. Auf der Terrassen-Szene sieht man übrigens die ungebärdige Haarlocke, die seine Ähnlichkeit mit der Figur des Vogels in dem gleichnamigen Märchen dokumentiert.

Porträt, 1955

Porträt, 1958

Schwarzes Schaf

Hesses Geburtstag am 2. Juli fällt in den Hochsommer, den der Dichter lange Zeit als seine bevorzugte Jahreszeit empfindet, ganz im Gegensatz zu Ninon, die unter der Hitze zunehmend leidet, und so verbringen die beiden die heißesten Wochen gerne im Hochgebirge, bevorzugt in Sils Maria. Allerdings kämpft der Autor immer erneut mit den Inkonvenienzen des Hotellebens, das er als äußerst störend empfindet. Bei seinen runden und später auch halbrunden Geburtstagen entkommt er der privaten und öffentlichen Aufmerksamkeit seit dem Nobelpreis nicht mehr. Das Geburtstagsbild ist ein typischer Schnappschuss, der nur ein auffallendes Detail zeigt: Hesse steht inmitten von Familienmitgliedern deutlich erkennbar als ‚schwarzes Schaf'. Wegen der hochsommerlichen Hitze sind alle Beteiligten möglichst leicht gekleidet, die Männer ohne Jackett, die Frauen in ärmellosen Blusen und luftigen Röcken – fast alle tragen helle Kleidung. Hesse steht inmitten all dieser Festgäste im dunklen Anzug, mit geschlossenem Jackett, Schlips und einem Hut.

Der Autor sieht seine Söhne zumeist bei solchen Familienfeiern, aber auch, wenn Ninon auf Reisen in Griechenland und Italien weilt; dann kümmern sich die Söhne abwechselnd um den Vater und helfen mit den anfallenden Arbeiten wie Bruno beim Holzsammeln. Es wird bei dieser Aufnahme die große Ähnlichkeit der Kinder mit ihrem Vater deutlich, vor allem aber auch die gelassene Nähe des Dichters zu seinen Söhnen. Dass er in den 1930er Jahren mit Heiner nicht selten in politischen Fragen uneins ist, beeinträchtigt das gute und liebevolle Verhältnis nicht. Gerade Heiner widmet sich nach Ninons Tod mit großem Engagement der Nachlassverwaltung. Er ist ein geduldiger Sammler der in alle Welt zerstreuten frühen Briefe sowie ein unverzichtbarer Helfer und Mitarbeiter bei der Erhaltung und Publikation der Werke und Briefe Hesses im Suhrkamp Verlag durch Volker Michels.

Mit Söhnen und Enkeln beim 80. Geburtstag, 1957

Mit seinem Sohn Bruno, Oktober 1954

Hesse mit seinen Söhnen Heiner und Martin

Ganz anders

Diese beiden Aufnahmen, die den Dichter in seinen letzten Lebensjahren zeigen, stammen ausnahmsweise nicht von seinem Sohn Martin, der seinem Vater nahekommen darf und dem ausdrucksintensive Photos gelingen. Dennoch sind auch diese Bilder von großer Eindringlichkeit, vielleicht, weil Hesse, wie schon etwas früher bemerkbar, seine distanziert-interessierte *persona*, seine Rollenmaske, nicht immer mit ununterbrochener Aufmerksamkeit trägt. Die erste Aufnahme zeigt ihn im klassischen Halbprofil in Untersicht. Der Autor wird oft in genau dieser Haltung abgelichtet, und er kennt den passenden Gesichtsausdruck dafür sehr genau: entschieden – aber offen, hier und jetzt – aber in die Zukunft blickend. Alles das ist scheinbar auch hier sichtbar, aber doch ganz anders, denn die Dimension des Weiten und Fernen hat sich verändert, ist nicht nur verkürzt, sondern fremd-vertraut geworden. Das Gesicht zeigt Spannung und Tonus, nicht wie früher, sondern mit einer Beimischung von Müdigkeit, die vielleicht aus der Erkenntnis stammt, dass seine Existenz sich dem Ende zuneigt und die Weltresonanz in sich selbst zunehmend unhörbarer wird. Hier ist ein Lebenswerk, das seine Inspiration und sein Ziel in einer nun wirklich untergegangenen Welt hat, längst abgeschlossen. Die 1960er Jahre sind international ein Neubeginn, ein neues Stadium der Kulturgeschichte beginnt, eines, das in ihm kaum noch etwas bewegt.

Porträt, 1960

Porträt, 1961

An der Grenze

Hesses Gesichtsausdruck in der zweiten Photographie unterstreicht und verstärkt den Eindruck der Verlorenheit in einer fremden Gegenwart, die ihm nur noch wenig zu sagen hat: Die Körperspannung ist stark reduziert, das Gesicht unbeteiligt und der Blick nach innen gerichtet. Es sind keine religiösen Visionen oder gar die anhaltende spontane Lebensfreude, die der entschwindenden Welt auch noch den letzten Tropfen an Genuss entlocken will, die hier zum Ausdruck kommen, sondern das Gefühl der inneren, eigenen Unzugehörigkeit. Gewiss, er steht noch inmitten einer öffentlichen Aufmerksamkeit, die sich aus der weltweiten Anerkennung seiner Leistung speist. Die Welt redet zu ihm, und an Resonanzangeboten ist kein Mangel, die ‚Forderungen des Tages', wie das Thomas Mann einmal nennt, sind immer noch immens, aber das Alter fordert seinen Tribut. Und dann ist da noch etwas, was ihn vielleicht beschäftigt: Die Form, die er seinem Leben als Künstlerexistenz gegeben hat und gibt und die auf Eigensinn und Distanz beruht, macht sich im Alter zusätzlich bemerkbar, denn sein oft heftiger Wunsch nach Absonderung von der Welt und ihren Kränkungen erlaubt keine Umkehr – selbst wenn er es wollte, der Weg zurück in eine neue, unbegreifliche Welt voller unbekannter Zumutungen ist ihm versperrt. Sein Weg der Anpassung an die sich entwickelnde Wirklichkeit über Literatur und Kunst ist nicht mehr tragfähig; er erkennt das Neue, aber es betrifft ihn nicht mehr. Die letzten Bücher aus der Gegenwartsliteratur der Jüngeren, die er rezensiert, sind Max Frischs *Stiller* (1954) und Wolf von Niebelschütz' *Die Kinder der Finsternis* (1962). Es ist diese selbst gewählte Lebensform, die seine unerwartete internationale Popularität in der globalen Jugendbewegung für ihn vermutlich nur schwer begreiflich gemacht hätte.

Späte Aufgaben

Zu den ‚Forderungen des Tages' gehört schließlich auch die Pflege seines Werks im Suhrkamp Verlag, in dem zu seinem 75. Geburtstag 1952 eine erste umfassende Ausgabe seiner *Gesammelten Dichtungen* in sechs Bänden erscheint, die fünf Jahre später zu seinem 80. Geburtstag um einen Band mit Aufsätzen zur Literatur und einer Briefauswahl als *Gesammelte Schriften* erweitert wird; 1961 erstellt Hesse auf Wunsch des Verlags eine knappe Auswahl aus den Gedichten, die ihm als repräsentativ erscheinen unter dem Titel *Stufen*; und 1951 und 1955 veröffentlicht er zwei Sammlungen seiner späten Prosa. Alles das und weitere Veröffentlichungen aus dem Nachlass nach seinem Tod bilden die Grundlage der zwölfbändigen Ausgabe der *Gesammelten Werke*, die 1970 erstmals erscheinen und für Jahrzehnte die Basis der Hesse-Forschung ausmachen. Heute steht mit der großen zwanzigbändigen Ausgabe seiner Werke und der fast vollständigen zehnbändigen Auswahl seiner Briefe ein erheblich vergrößerter Korpus des Lebenswerks Hesses für die Leserschaft bereit.

Paradoxerweise ermöglicht erst der Tod des Dichters seinen großen verlegerischen Erfolg, denn Hesse versucht, jede Neuerung bei der Veröffentlichung seines Werks zu verhindern: Er beharrt lange auf dem sperrigen Fraktursatz und auch Taschenbuchausgaben einzelner Werke sind ihm nicht recht. Tatsächlich ist sein großer Erfolg in den deutschsprachigen Ländern seit den 1970er Jahren nicht nur auf die internationale Popularität unter seinen jüngeren Lesern zurückzuführen, sondern auch darauf, dass der Suhrkamp Verlag durch eine anfangs unscheinbare Neuerung zum Trendverlag wird: die als Taschenbuch gedruckte Werkausgabe, die als kostengünstige Kassette ihren Siegeszug genau zu dieser Zeit antritt. Brecht und Hesse bahnen den Weg für zahllose Kassetten, die ihren Weg auf viele Bücherregale finden und einen zentralen Baustein für die literarische Kultur der Zeit darstellen. Für Hesse wäre es freilich ein Graus gewesen.

Hesse bei seinem letzten Geburtstagsfest, 1962

Keine letzten Worte

Hesse ist schon seit einiger Zeit an Leukämie erkrankt, was ihm aber verschwiegen wird, um seine letzten Lebensmonate nicht zu trüben. Er erhält einige Bluttransfusionen, die seinen Mangel an roten Blutkörperchen zeitweilig beheben, so auch anlässlich seines 85. Geburtstags, den er sonst wohl kaum hätte durchstehen können. Tatsächlich stirbt er einen Monat später an einer Gehirnblutung im Schlaf. Als er in seinem Bett aufgefunden wird, gibt es keine Anzeichen dafür, dass er bei Bewusstsein oder unter Schmerzen gestorben wäre. Ein leichter, ein schöner Tod.

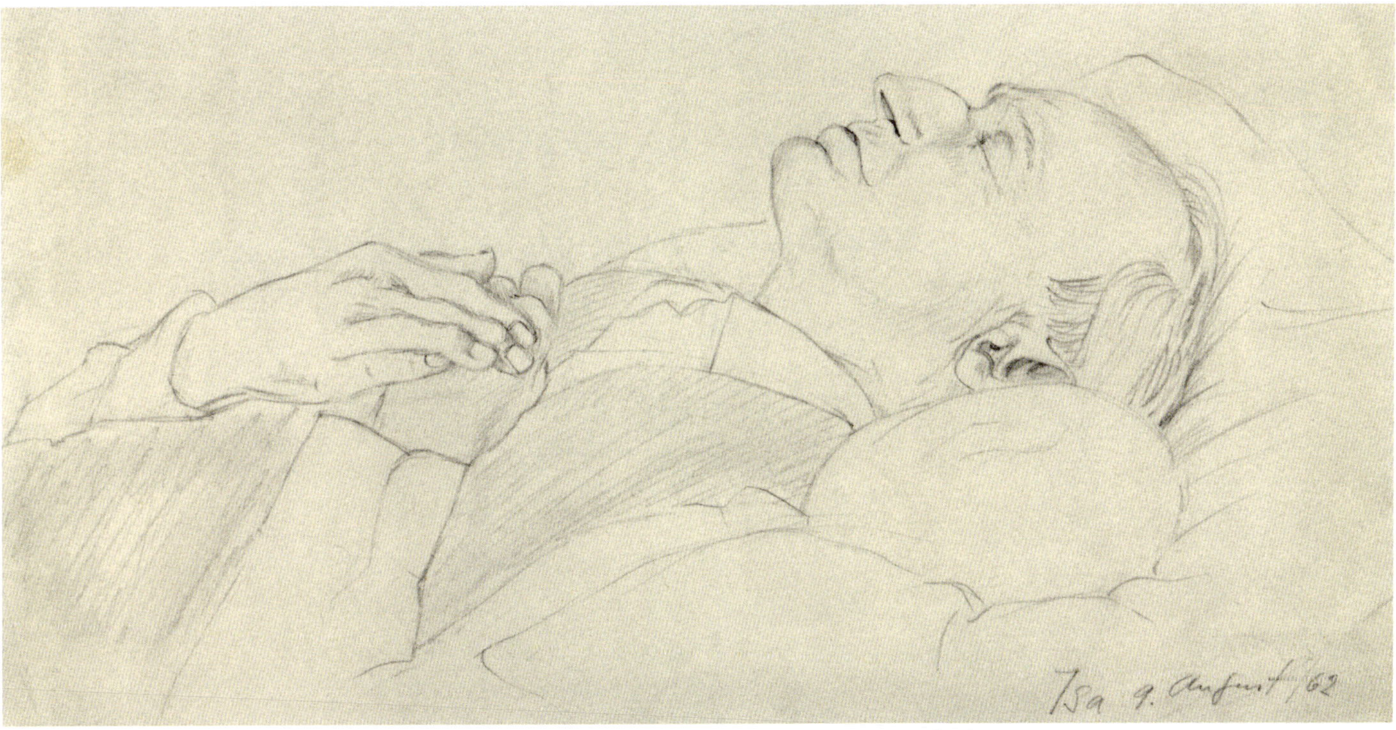

Hesse auf dem Totenbett

Bei Hesses Beerdigung (v.l. Sibylle Hesse, Max Wassmer, Siegfried Unseld, Ninon Hesse, Hesses Arzt Clemente Molo, Elsy Bodmer)

Nacherzählung

Hesse, wie auch seine Frau Ninon, die vier Jahre nach ihm stirbt, sind in Sant' Abbondio begraben; eine Gedenkstätte in den Häusern, in denen er lebte, gibt es nicht: Die Casa Camuzzi muss einem Appartmenthaus weichen, und obwohl die Familie Bodmer und viele Freunde darauf drängen, die Casa Rossa zumindest teilweise als Erinnerungsort für den Dichter zu erhalten, lehnt die Witwe jeden Versuch der Musealisierung Hesses vehement ab. Nach ihrem Tod wird das Haus geräumt, verkauft und architektonisch verändert. Es ist für Interessierte nicht zugänglich, und auch der Grundbesitz um das Haus wird verkauft und für weitere Bebauungen parzelliert, das Tessin ist beliebt und als Wohnort begehrt.

Noch zu seinen Lebzeiten ist der Geist der frühen Jahre nach Kriegsende verweht; mit Hugo Balls Tod 1927 tritt fast unsichtbar eine erste Zäsur ein, weitere folgen: Der Weggang von Freunden und Bekannten schmerzt, die Machtergreifung 1933 und die folgende Flüchtlingswelle verschafft Montagnola allerdings noch einmal Bedeutung, aber nach 1939 beginnt das langsame Schwinden der altgewohnten Atmosphäre. Der Ort selbst bleibt schön und gewinnt über die Jahrzehnte deutlich an touristischer Attraktion. Hesse wird zudem schon seit den 1930er Jahren selbst zum Anziehungspunkt, und auch wenn ihm bewusst ist, dass der Geist, der seine großen Werke in der Zwischenkriegszeit inspiriert hat, verflogen ist, kann und will er doch in seinem höheren Alter nicht noch einmal den Ort wechseln – wohin auch? Nirgendwo lebt er länger als hier, aber auch hier bleibt er trotz mannigfacher guter Beziehungen ein Fremder, der als Dichter überall fremd bleiben muss. Es gibt für seinesgleichen keinen Ort, nirgends als in sich selbst und in seinem Werk ist er zuhause.

Hesse wäre wahrscheinlich mit Ninons Weigerung, ein Museum einzurichten, einverstanden gewesen, er wehrt sein Leben lang die lästigen Versuche, etwas über sein Privatleben zu erfahren, vehement ab. Die Familienpapiere, die seine Kindheit und Jugend detailliert dokumentieren, die Ninon nach seinem Tod veröffentlicht, hätte er selbst sicher nicht publiziert, denn dort liegt die Quelle seiner Persönlichkeit, die er nur ungern der Öffentlichkeit preisgegeben hätte. Diese Papiere werden von der Mutter, akribisch gesammelt und aufgehoben, an den Vater und nach dessen Tod über die Töchter schließlich an Hesse weitergegeben. Als er sie als erwachsener Mann erstmals liest, erkennt er seine schwere Neurose aus der Jugendzeit, die sein ganzes Leben tönt. Heimat ist für ihn der Keim seiner Künstlerexistenz, die auf die Mutter als resonanzoffene Leserin hofft. Alle späteren Anstrengungen als Autor und Mensch zielen immer erneut darauf, diese in der Jugend versagte Anerkennung und Resonanz als Heimat durch sein Werk zu erwerben. Das ist ihm auf immer wieder bewundenrungswürdige Weise gelungen: Der *genius loci* seiner Kunst ist für alle in seinen Werken und Briefen offen sichtbar.

Dank

Ich bedanke mich bei Jasmine Stern und Jonas Bogumil, die aus der Perspektive des Verlags dieses Buch erst ermöglicht und mit Kritik und Hilfe das Projekt zu einem guten Ende gebracht haben. Volker Michels gebührt ein besonderer Dank, weil er aus seiner umfassenden Kenntnis von Werk und Leben Hesses entscheidende Anregungen vermittelt hat, aber auch, weil die meisten Bildvorlagen aus seinem Hesse-Archiv stammen. Den Enkeln Hesses, vor allem Silver Hesse und Herrn Siegenthaler-Hesse danke ich für die Bereitstellung wichtiger Abbildungen. Michael Limberg danke ich für die kritische Durchsicht des Textes und wichtige Hinweise.

In Montagnola, Ostern 1954

Abbildungsnachweis

akg-images: S. 74 (rechts) | akg-images / COPPERPRINT FY: S. 83 (rechts) | akg-images / Fototeca Gilardi: S. 128 | Archivio di Stato del Cantone Ticino, Bellinzona, Fondo Fotografico Liliana Holländer: S. 204 | Deutsches Literaturarchiv, Marbach: S. 10, 11, 13, 37, 38 (links), 39, 41, 42 (links), 43, 47, 48, 51, 52, 53 (rechts), 56, 66, 74 (links), 81, 85, 86, 88, 89, 92, 101, 132, 135, 138 | ETH-Bibliothek Zürich, Thomas-Mann-Archiv / Fotograf: Unbekannt: S. 184 | Fotograf: Paul Swiridoff; Copyright by Archiv / Museum Würth, Künzelsau: S. 197 | Fotos Martin Hesse © Martin Hesse Erben: S. 150, 159, 162, 165, 166, 169, 170, 172, 173, 174, 175, 177, 178, 180, 188, 190, 191, 194, 200, 206 | Helmut Friedewald, Bochum: S. 198 | Silver Hesse, Zürich / Foto: Isa Hesse-Rabinovitch: S. 182, 195, 203 | Silver Hesse, Zürich / Foto: Heiner Hesse: S. 183 | Hermann Hesse Editionsarchiv Volker Michels, Offenbach am Main / Foto: Gret Widmann: S. 23, 25, 72, 106, 108, 109, 113, 114, 116, 117, 119, 123, 124, 125, 130, 131 | Hermann Hesse Editionsarchiv Volker Michels, Offenbach am Main / Foto: Maria Hesse-Bernoulli: S. 17, 67, 77 (oben), 77 (unten) | Hermann Hesse Editionsarchiv Volker Michels, Offenbach am Main: S. 18, 29, 34, 38 (rechts), 42 (rechts), 44, 53 (links), 55, 59, 60, 63, 65, 68, 71, 78, 80, 83 (links), 94 (links), 94 (rechts), 97, 98, 99, 104 (unten), 110, 120, 127, 136, 139, 141, 142, 156, 160 (links), 187, 193 | KEYSTONE / MARTIN HESSE ERBEN: S. 145, 147, 148, 151, 153, 154, 155, 160 (rechts) | Ruth Hausmann, gesch. Hesse, Bern: S. 91, 93 | Schweizerisches Literaturarchiv (SLA): Nachlass Emmy Henning: S. 102 | Schweizerisches Literaturarchiv (SLA): Hesse-Archiv: S. 104 (oben) | Willi Kehrwecker, Ravensburg: S. 179

Trotz sorgfältiger Recherche ist es nicht immer möglich, die Inhaber von Urheberrechten zu ermitteln. Berechtigte Ansprüche werden selbstverständlich im Rahmen der üblichen Vereinbarungen abgegolten.